Fritz Fenzl

Magische Kraftorte in Österreich

Fritz Fenzl

Magische Kraftorte in Österreich

rosenheimer

Inhalt

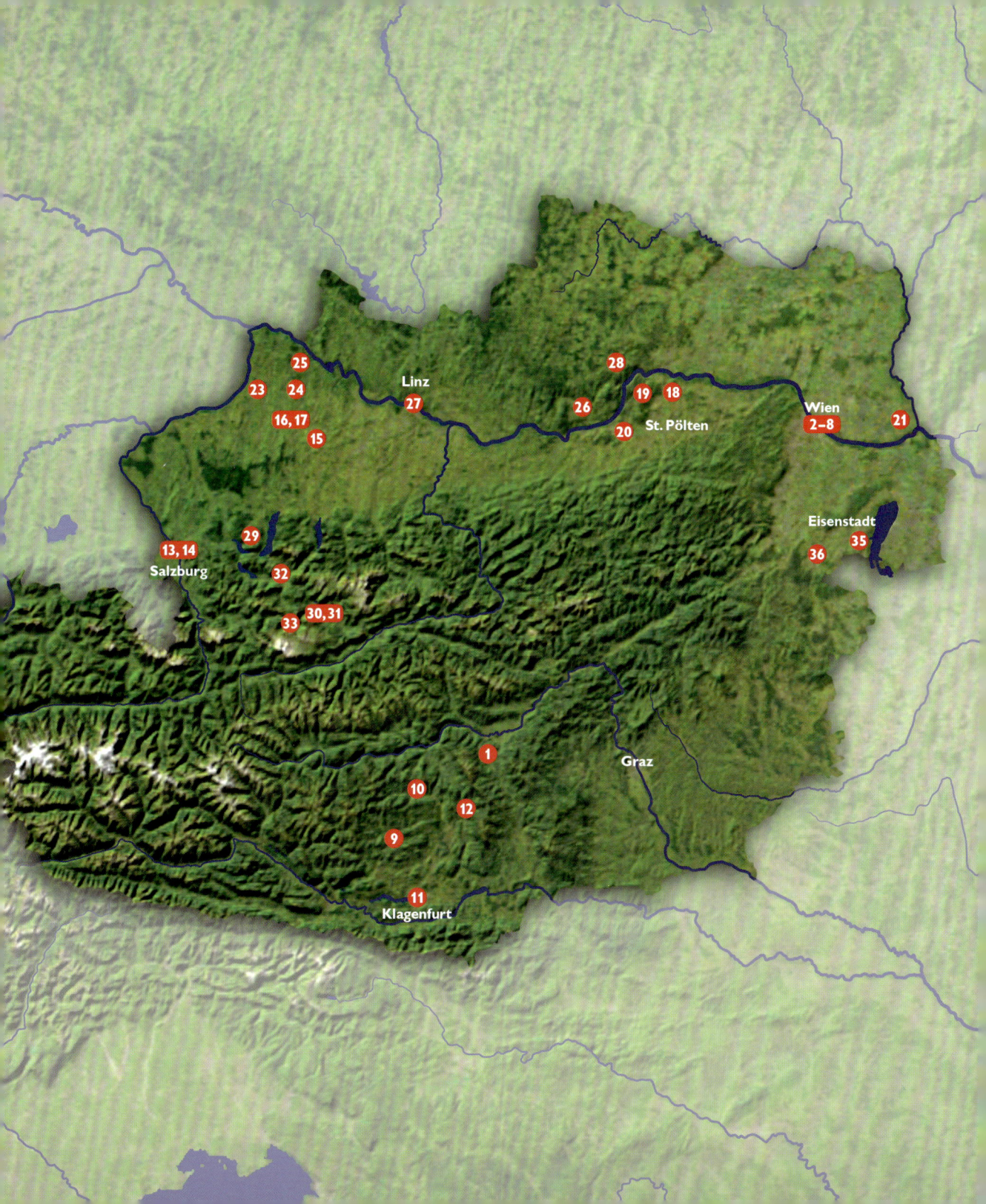

25

23   24

16, 17

15

Linz
27

28

26   19 18
        20   St. Pölten

Wien
2–8   21

Eisenstadt
36   35

29

13, 14
Salzburg   32

33 30, 31

1

10

12

9

11
Klagenfurt

Graz

Gedanken-Bilder in Rot-Weiß-Rot

Statt eines Vorwortes

»Die ersten tellurischen Gottheiten sind eigentlich Gottheiten des Ortes, nicht der Erde im Sinne von Grund und Boden. Der Ort wird dabei als Grund alles Existierenden gesehen, als Träger allen Seins (Wasser ist im Gegenzug dazu die Quelle allen Seins, die potentielle Existenz.)« (Aus: Peter J. Gowin: »Freimaurerei und Persönlichkeitsentwicklung«, S. 89 f.)

Dass die »tellurischen Gottheiten« im Land mit der magischen Farbgebung Rot-Weiß-Rot fröhliche, im Sinne des Wortes boden-ständige Urstände feiern, versteht sich dann fast ganz von selbst. Dass obiges Zitat ausgerechnet in einer okkulten Buchhandlung in Wien, ganz in der Nähe des Stephansdomes gefunden wurde, das war und ist ganz gewiss kein Zufall.

Das so herrlich archaische Kraftortthema ist, wie die Orte selbst, zeitlos. Dutzenden von Kraftortbüchern, die Best-, vor allem aber Longseller geworden sind und stets neu aufgelegt wurden, folgten schnell Führungen, Seminare und Kurse. Das Buch »Magische Orte in Österreich« löste nicht nur freudiges Interesse einer unerwartet breiten und dem Okkulten angenehm aufgeschlossenen Leserschaft aus, sondern auch Österreichführungen, aufwendig inszenierte Reisen gar, so wie die Wochenreise »Magisches Kärnten«, die in einem die Beschreibung der Kraftorte abschließenden Kapitel näher vorgestellt wird.

Dies ist zugleich ein Text- und Bildband. Bisher beschränkte ich mich bei Kraftortbüchern auf Texte, ließ die Bilder visualisieren, also im Kopf entstehen. Siehe oben: »Alles passiert im Kopf.« (Übrigens ein Gralsgeheimnis. Der Gral ist nichts anderes als Gedankenformen: Höhen, Berge, Täler, Flüsse … denken Sie an Österreich!) Den nun folgenden Texten in der Diktion der Magische-Orte-Bücher sind eindrucksvolle Fotografien beigegeben. Das *imago* öffnet die Imagination, die Magie, den Ort der Betrachtung. Alles passiert in Ihrem Kopf. Es gibt keinen magischeren Ort als diesen!

»Bilder sind Macht. Ein Bild sagt mehr als tausend Worte – so heißt es. Zwischen Sprechen und Zeigen, zwischen Bild und Text verläuft eine Demarkation, die die besondere Spannung unserer Kultur ausmacht. Der Macht der Bilder steht die Macht der Sprache gegenüber, und nicht wenige vermuten, wahrscheinlich nicht zu Unrecht, eine Komplizität zwischen Bild und Macht.« (*www.artnet.de:* Dossier »Macht der Bilder«)

* Magische Orte haben nicht nur Macht, sie sind Macht.
* Also ein mächtiges Buch, das Sie da aufgeschlagen haben … nochmals.
* Der Ort ist nicht nur ein Teil der Macht, der Ort ist die Macht selbst.

Fritz Fenzl

Judenburg

Der Stadtturm erzählt von fünfhundert bewegten Jahren

Der Name »Judenburg«: Lassen Sie ein Bild vor Ihrem geistigen Auge entstehen. Was sehen Sie? Das Wort ist Imagination pur; es verrät oder verspricht Geheimnisse, Geheimwissen, alttestamentliche Spiritualität, auch wohlige Tradition, Geborgenheit einer Burg, Schutz. Schutz vor wem? – Aber es bleibt beim Namen.

»Judenburg […] wurde in der Nähe der Burg Eppenstein gegründet. Die erste urkundliche Erwähnung dieser Burg als *mercatum Judinburch* stammt aus dem Jahr 1074 – jüdische Händler spielten zu dieser Zeit eine wichtige Rolle im transalpinen Handel und gründeten Handelsposten in der Region.« (*Wikipedia*) Namen sind magisch wie Orte und bedingen Geschichte, im Guten wie im Bösen. »Während der Herrschaft des Nationalsozialismus gab es Bestrebungen, den Namen der Stadt, der aufgrund des Worts Jude/Juden als untragbar angesehen wurde, auf Zirbenstadt zu ändern.«

Das Internet, sonst so auskunftsfreudig, bleibt bei dem Begriff »Judenburg« bei lapidaren Fakten, Bahnverbindungen und Ortsvereinen hängen. Ganz anders aber die Wege nach Judenburg und von dort zu einer Vielzahl magischer Orte – und vor allem die Bilder. Als ich mich vor Jahren auf den Weg machte und nicht die schnellen Verbindungen in Österreich wählte, kam mir Judenburg wie eine spirituelle Drehscheibe vor, an der

sich der Suchende in Richtung Kärnten, von Salzburg kommend und die Steiermark durchmessend, mit Ziel Graz orientiert. »Immer weiter zum Knoten Wels, dann Richtung Klagenfurt, Villach, Judenburg …«, sagte ein freundlicher Tankwart in Trieben und empfahl die herrliche Hohentauern-Straße.

Ergehen Sie die Stadt und finden Sie »Ihre« Orte. Vor allem den Stadtturm. Der ist mit 75 Metern Höhe der höchste (!) frei stehende Glockenturm Österreichs. Die Aussicht von dort oben über das gesamte Aichfeld raubt den Atem. Und dass dieser »magische Ort in Österreich« nicht nur ein ausgewiesener Kraftplatz, sondern tellurischer Trichter, Sternentor und Zeitenschleuse ist, beweist sogar die moderne Technik der wissenschaftlichen Astronomie und ihrer Hochleistungsapparate: Denn dieser Turm, der auch »Sternenturm« genannt wird, lässt in den Himmel schauen: »Der ›Sternenturm‹ bietet das modernste Planetarium Europas, das die Besucher in die geheimnisvolle Welt der Planeten, Sterne und Galaxien entführt – bequem zu erreichen mittels spektakulären Glasbodenlifts.« (Website »Kleine historische Städte in Österreich«, *www.khs.info*)

Der Turm von Judenburg bedeutet ein Zeitentor, einen unsichtbaren, aber hochwirksamen Kanal nach oben. Die Gründe für Zeitschleusen

11

sind durchaus nicht esoterischer Natur, sondern sie bleiben physikalisch erklärbar und folgen den Einsteinschen Regeln der Relativitätstheorie. Also, hier in unmittelbarer Nähe des Stadtturmes von Judenburg, eine Überlegung der Website »Wissenschaftskritik« zu »Raum, Zeit und schwarze Löcher«: »Die Entfernung zum nächsten Stern beträgt etwa vier Lichtjahre und liegt außerhalb unserer Vorstellungskraft. […] Schwarze Löcher gehören zu den faszinierendsten Objekten der modernen theoretischen Physik. Aber handelt es sich um reale Objekte oder nur um theoretische Gebilde, die der Extrapolation von Fehlern heutiger physikalischer Theorien ihre Entstehung verdanken?« – Jetzt stellen Sie sich, nur so nebenbei, »vier Lichtjahre« vor.

Alles klar? Was uns die »Forschung« seit der Aufklärung und noch mehr im Zeitalter der modernsten Technik vorrechnet, ist restlos unüberprüfbar. Ein verrücktes Glaubensmodell, gegen das sich die Schöpfungsgeschichte der Bibel grundsolide zeigt.

Da hilft nur der Humor: Googeln Sie »Zeitentore« im Internet. Unter den ersten Treffern finden Sie auf einer Seite »Die besten Sololäufe aller Zeiten: Tore für die Ewigkeit«. Eine »Ansammlung fußballerischer Leckerbissen: Von Diego Maradona bis Leo Messi … Sie werden getragen von flinken Füßen und der Ball ist ihr bester Freund […] Ihre Gegenspieler degradieren sie zu hüftsteifen Litfaßsäulen oder den oft zitierten Slalomstangen …«

Dreifaltigkeitssäule in Wien

Kraftorte und »die Drei«

Der nordische Schicksalsglaube dominiert sowohl im materiellen als auch im geistigen »Kraftort«-Land – trotz einer unübersehbaren, »dem Schein nach« christlichen Ausrichtung unserer inneren, über tausend Jahre vom Christentum geprägten »Landkarte des Glaubens«. Ob die mentale Gewichtung hin zum Nordischen, zum Neuheidnischen und Keltischen, bewusst oder unbewusst erfolgt (also Erfolg hat), spielt dabei keine Rolle. Etwas mit Ratio, also kaltem Verstande niemals Erklärbares kommt da zum Tragen: Vielleicht ist dieses Geo-Mysterium am ehesten mit dem magisch-geomantischen, dem morphogenetischen Feld beschreibbar?

Der Geist hat immer Heimweh, er kehrt zu den magischen Orten zurück, an denen er geboren wurde.

Schicksal und die Zahl Drei. Alles Historische, Entwicklungsgeschichtliche, im biblischen oder ebenso im darwinistischen Sinne Gewordene (!), es begegnet dreifach. Der Pilger zu magischen Orten, Sinnsucher und Ergründer der nie fassbaren Gesetze des Schicksals, er kommt an der magischen Zahl Drei nicht vorbei. Drei ist die Zahl des Lebens selbst:

- Werden,
- Sein,
- Ver-Werden (= Gehen).
  Und dann wieder neu von vorne.

Selbst dem biblischen Schöpfungsbericht wohnt die Drei inne:

- Nichts (Urflut und Leere),
- Schaffen und Werden,
- Ruhen.
  Und dann wieder von vorne?

Wobei hinter diesem Ruhen etwas anderes verborgen ist als »ausruhen« in unserem gewohnten Menschenverständnis, zu dem meist ein Sofa gehört oder eine Hängematte.

Begeben wir uns zur Dreifaltigkeitssäule in Wien, am sogenannten »Graben« heute eine attraktive, im doppelten Sinne anziehende Prachtstraße unweit des Stephansdomes. Wikipedia über solche Säulen: »In der Barockzeit wurde die erste Pestsäule der Habsburgermonarchie am Wiener Graben errichtet und fand eine große Zahl von Nachfolgebauten im gesamten Gebiet der Monarchie. Diese das Stadtbild prägenden Dreifaltigkeitssäulen können, außer als Votivspende nach dem Erlöschen der Pest, als Symbol des Sieges der katholischen Reform und Gegenreformation über den Protestantismus aufgefasst werden.«

Die Dreifaltigkeitssäule in Wien begegnet dem Besucher, der sinnigerweise vom Zentrum aus seine Erkundungstouren zu magischen Orten der Zauberstadt startet, stets von Neuem und immer wieder selbst neu. Denn zumeist beginnt ein sinnvoller Ausflug, egal wohin, am Domplatz und der Virgilkapelle. Die seltsam lockende (attraktive!) energetische Wirkung der Dreifaltigkeitssäule wechselt beständig, transformiert so eine bewusst am richtigen Platz gesetzte magische Stelle doch sämtliche Energien des Tages, wandelt alle Hoffnungen und Sehnsüchte, gelebte und ungelebte Leben der Vorbeigehenden, Gedanken, Träume und Wünsche. Und eben auch Gedanken der Zukunft und damit die zukünftige Wirklichkeit.

Die Zukunft wirkt jetzt schon, ebenso wie die Vergangenheit! Lassen Sie sich von dem modischen und einlullenden Nur-Jetzt!-Eskapismus nicht einwickeln. Denn der nachdenkliche Kraftortfreund hat ein anderes, umfassenderes Zeit(en)verständnis. Das Jetzt, der erlebbare Augenblick des Seins, ist Teil des Ganzen. Ein Paradox: Nur das Jetzt ist leb-bar, aber es ist vergänglicher als Vergangenheit und Zukunft. Die nämlich haben eine Statik.

Hier an der monumentalen magischen Stelle der »Drei« in Wien (Vergangenheit, Gegenwart, Zukunft) lösen Raum und Zeit sich vollends auf, es entsteht, dem hohen Stab der Säule folgend, ein gigantischer tellurischer Trichter, der Zukünftiges mit Vergangenem mischt und diese Verbindung in der Gegenwart, dem Jetzt, transparent macht für den, der hören will und sehen. Liegt diese Säule doch als Pfählung der Drachenkraft direkt auf einer der energetischen Hauptlinien, dem so schicksalsträchtigen Graben inmitten der Donaumetropole.

Nun betrachten Sie die Pestsäule und alles, was hier dargestellt ist. Am auffälligsten wohl der »Engelssturz«. Das Schicksal der Menschheit, deren Fall – oder Erkennen? Aber Erkennen wovon? Die neueren Auswirkungen von »Erkennen«, die verdorbenen und giftigen Früchte der Wissenschaft, angefangen von der Atomenergie über die gottlose künstliche Zeugung bis zur Genmanipulation, alle geben dem biblischen Urmythos auf grausige Weise recht. Lassen Sie die seelengreifenden Symbole und dargestellten Mythen in sich hineinwirken. Die uralte Frau scheint Satan zu entsprechen. Sehen Sie das Gesicht, den Blick, die Haltung. Dann der Putto auf dem Flammenstab. Stab Luzifers? Darüber, unübersehbar, die Macht der Habsburger. Auf halber Höhe das Relief einer Weltkarte mit vier Winden (vier Elementen). Wer genau hinschaut, dem fällt eine Schächtszene auf. Und dann die Säulenumfassungen. Sie symbolisieren für den, der das Sichtbar-Verborgene sehen kann, die Zirbeldrüse.

»Seit Tausenden von Jahren wurde die Zirbeldrüse als Organ der außersinnlichen Wahrnehmung verstanden – als Fenster zu anderen Dimensionen. Nachdem diese Auffassung mit der Zeit verloren ging, bemüht sich die Wissenschaft nun vermehrt, die geheimnisvollen Funktionen des ›verborgenen Auges‹ zu verstehen …«, fasst ein Artikel von Leonardo Vintiñi im Internet zusammen. Das innere Auge. Das dritte Auge. Wieder die Drei. »Man stelle sich ein Sinnesorgan vor, mit dem man in der Lage ist, Räume jenseits unserer physischen Welt zu erblicken. Oder ein Geschöpf, das eine solch wundersame Fähigkeit

hat. Gibt es so ein Wesen? Ja, den Menschen! Seine Zirbeldrüse, jenes im Zentrum des Kopfes gelegene Kleinod, kann nicht nur wie unser Augenpaar Licht wahrnehmen, sondern seine eigentliche Struktur ist auch im Aufbau einem primitiven Auge ähnlich – in einem noch etwas primitiveren Zustand.«

Stehen Sie lange vor dieser Säule der Drei. Lassen Sie es zu, dass vor Ihrem geistigen (dem dritten?) Auge Bilder heraufziehen. Es sind dann immer die richtigen.

Magie und Kraft zugleich: ein magischer Kraftort in Österreich, und das im Zentrum der Donaumetropole! Manchmal steht das Geheimnis so offensichtlich da wie diese unübersehbare Weltenachse, diese Pfählung einer Kraftlinie, eines Drachenweges, des Wissens-Pfades – mitten in Wien.

Stephansdom in Wien

Christus als Freimaurer

Christus als Freimaurer? Eine kühne Überlegung, gewiss: Aber an Schicksalsorten finden sich aufregende »Zeugnisse« kühnster Gedanken. Ja, gut, nicht immer rein christlicher Prägung. Aber auch der Verlauf und die Variation der Religion(en) haben ihr eigenes Schicksal. Der Ort der Religion. Religion ohne Ort – undenkbar. (Auch der Himmel ist ein Ort, nur wo?) Die Bibel ist ebenso voll davon wie alle anderen religionsstiftenden Bücher. Dass Religion »ihren Ort« sucht und findet, zeigt nicht zuletzt die ausgewählte Lage der Klöster. Gedanken sind Geist, und Geist bedingt Schicksal – ebenso wie Materie.

Etwa mitten in Wien, genau am energetisch zentralen Punkt der geschichtstransformierenden Weltstadt. Der Stephansdom: Mittiger kann ein spirituelles Zentrum kaum liegen. Alle »Ringe« Wiens, sie haben das raumfüllende Gotteshaus als Zentrum. Bei dem in jeder Beziehung magischen Bauwerk ist wiederum die energetische Schleuse, die Verbindung von Innenwelt und Außenwelt, mittig an der Westseite: das große Hauptportal, auch Riesentor genannt. Beobachtung und Irritation des Kenners: Jesus, der über dem Portal, jenem lockend-saugenden, als spirituelles Brennglas fokussierenden architektonischen Meisterwerk, als Weltenrichter thront: Der Sohn Gottes weist eine Besonderheit auf. Welche? Wie immer ist das Geheimnis deutlich sichtbar unsichtbar: Für jedermann »im Blickpunkt«, klar sichtbar, ja unübersehbar – und damit für die meisten eben nicht »Augen-fällig«.

Sehen und schauen: Die wahren Geheimnisse sind stets im Fokus. Und damit den Augen entrückt. Der Gottessohn als Eingeweihter? Andererseits, wer sonst auf der Welt sollte an Wissen ihm gleichkommen! Irgendwann hat mich die verrückt erscheinende, dann immer klarer werdende Überlegung nicht mehr losgelassen. Einige Vorüberlegungen:

- Jesus, seine von uralten archaischen Mythen umrankte Geburt. Und immer der Stern, das Licht.
- Einweihung durch den großen Wissenden vor ihm, den Meister, der den wahren Schüler findet: Johannes.
- Der Hang zur Tempelarbeit, schon als Knabe.
- Der große Eingeweihte Jesus ist, wie sein Vater ebenso, Zimmermann (Baumeister?).
- Die Zwölf, die Eingeweihten, »Erwählten« – die Urloge?
- Die wunderbare Lehre Jesu, Utopie einer angestrebten neuen Menschlichkeit (Nächstenliebe). Eigentlich war Jesus Humanist.
- Deutliche Anspielungen auf das Drei-Gespiel der Kräfte des Universums im Vaterunser: »… denn Dein ist das Reich / und die Kraft / und die Herrlichkeit …«

- »Tod im Leben«, das Urmotiv des dreitägigen Schlafes: erst Lazarus, dann Jesus.
- Die kabbalistische Anordnung der Kreuzigungsszene an Mittelsäule und flankierenden Säulen: links die »weibliche« Säule (der bereuende Schächer, dem Jesus »heute noch« das Paradies verheißt), rechts die »männliche« Säule (jener Schächer, der nichts bereut, der aber zu seinem Tun steht).
- Erdung (Anbindung an Urmutter Erde) deutlich gekennzeichnet (Schädelstätte).
- Der mysteriöse Lanzenstich (siehe auch unter »Wien, Schatzkammer der Hofburg« in »Magische Orte in Österreich«).
- Und natürlich das Wissen um ein Weiterleben, Auferstehung.

Finden Sie selbst Parallelen. Sie werden nur noch staunen.

Nun ist in einem Vorgänger-Buch »Magische Orte in Österreich« über den Stephansdom das Wesentliche bereits gesagt. Nach der ausführlichen Besichtigung der monumentalen Baulichkeit, dem Wiedererkennen des einen oder anderen weiterführenden Symbols, ja sogar bei Einbeziehung und Anwendung des »erweiterten Sehens und Fühlens« stellt sich dennoch bald die Frage: Hat der versierte Kraftort-Gänger tatsächlich mitbekommen, was wichtig ist? Sieht er die wundersame und zeitlose Sprache der Symbolik, des Einweihungswissens westlicher Logen, diese Zauberwelt des »Wissens hinter dem Wissen«? Von wegen, jetzt geht der Zauber des Hinschauens erst wirklich los. Zumeist allerdings gelingt dies nicht ganz ohne Sehhilfe. Denn gar manches ist und bleibt, wiewohl sichtbar, »verdeckt«.

Ich bin während des Wien-Aufenthaltes jeden Tag zuerst einmal, als »Einstieg« des Wien-Tages, zu dem seltsam wunderbaren, majestätischen Dom gepilgert, habe das Riesentor betrachtet, den Rundgang durch die Donaustadt, hin zu den okkulten Sehenswürdigkeiten gemacht, und immer wieder der Dom, nochmals die Augen auf – aber »es« ist mir nicht aufgefallen. Erst nach der Reise geriet über seltsame Wege ein Buch aus der Vorkriegszeit in meine Hände (Zufall?). Dort lautete eine Bildunterschrift: Christus als Freimaurer mit entblößtem linkem Bein.

Tatsächlich. Wie oft habe ich den weltenrichtenden Jesus, der einer »Fischblase« einbeschrieben ist, betrachtet. Warum ist trotz der bodenlangen Gewandung sein linkes Bein bis zum Knie hinauf entblößt? Deutlich sichtbar, geradezu auffallend und kurios ist diese Art der Kleiderordnung. Das Wesentliche, wie so oft, bleibt sichtbar unsichtbar. Christus, der Meister (!), auf dem Regenbogen sitzend, segnet. In der Linken das Buch der Wahrheit und Weisheit …

Das entblößte Bein spielt auf einen Aufnahmeritus an, bei dem es Usus ist, den Neophyten bei der Aufnahme in den Lehrlingsgrad das Knie (das rechte allerdings) entblößt tragen zu lassen. Die seltsam anmutende Sitte wird im alten »Katechismus« der Maurerei wohl damit erklärt, dass der Lehrling das schwächste Glied sei, ebenso wie beim Körper das Knie. Liest man sich in das Thema ein, sind die Erklärungen und Deutungen, aber (und vor allem das!) die sich alsbald einstellenden weiterführenden Gedanken abenteuerlich und aufregend zugleich. Gedankenformen, die sich beim Besuch am »magischen Ort« in den eigenen Geist eingeloggt haben. Ideen, Erkenntnisse von beklemmender Logik. Denn der Stephansdom zu Wien hat eine ausgesprochene geistige Fernwirkung!

Der Wissende wird hier »vor Ort« noch vieles entdecken, was sicher nicht als »christlich« oder »katholisch« zu werten ist: so etwa die in Stein gearbeitete Figur am Westportal, der Maurer, wie er das »Halszeichen« macht. Eine andere Figur am Stephansdom beschreibt ganz deutlich das »Meisterzeichen« mit der erhobenen linken Hand zum Kopf. Von den Dreiecken ganz zu schweigen. Heilige Dreifaltigkeit? Wie gesagt, Religion(en) und Ideologien haben ebenfalls ihr Schicksal. Und das gläubige Volk sowieso.

Der »Zahnweh-Herrgott« im Stephansdom

Bestrafte Lästerung, Heilung durch Reue

Wer »magische Orte in Bayern« aufsucht, dem wird die aufregende Materie schnell zum Lebensthema. Zu spannend sind die Stätten. Nur in Bayern allein? Wer bayerisch denkt – aber natürlich! –, der denkt und fühlt auch »österreichisch«. Und ebenso umgekehrt: Probieren Sie es aus als Bayer in Wien. Freudige Begegnung, gegenseitig. Ganz anders wird an diesem geo-magischen Pool von Macht, Historie, Habsburgertum und überhaupt »altem Denken« – »der Deutsche« angesehen. Dafür gibt es vokalreiche, alles andere als gut gemeinte Bezeichnungen, die in diesem Schicksals-Buch lieber nicht verschriftlicht werden mögen.

Der Wiener Stephansdom ist von Lage, Geschichte, Vorgeschichte und einbeschriebener Sagen- und Mythenkraft an zupackender Ortsenergie kaum zu überbieten. Wobei die seltsam dumpftote Besucherschar, silbergraue Digitalkameras vor das eigene Blickfeld und auch den wahren Einblick haltend, jener nie endende Touri-Pulk, wie er das geo-spirituelle Juwel jahrein, jahraus als »Sehenswürdigkeit« absolviert, immer wieder Staunen macht. So viel Wunderbares anschauen und doch nichts »sehen«. Indes, die »Welt hinter der Welt« offenbart sich hier aufregend wie selten sonst, und der »Christus als Freimaurer« (siehe betreffendes Kapitel) gleich über dem monumentalen Westportal zeigt, dass hier im Umfeld des großen Tempels (Umfeld wörtlich: in der geo-spirituellen Umgebung des Domes) immer schon Wissende zu Werke waren, die jenen Besuchern und Pilgern, die aufrecht suchen, deutliche Signale, Symbole und Zeichen hinterlassen wollten. Symbole, Zeichen und Wegweiser quer durch viele Jahrhunderte hindurch und noch weit in die Zukunft hinein.

Auf der linken hinteren Seite des herrlichen Sakralbauwerkes, damit also in der Nordturmhalle und sogleich nach dem Eintreten ins Auge fallend, findet sich der Domladen mit den üblichen Sachbüchern und Devotionalien. Das Laderl ist liebevoll sortiert und bietet die immer gleiche Auswahl dessen, was der Tourist unserer so materiell orientierten Welt zu finden wünscht. Interessanter als das Angebot von Büchern, Wien-Plänen, Kerzen, Karten und Holzkreuzen erweist sich jedoch die Lage des Domgeschäftes. Denn die den Laden beherbergende Nordturmhalle lockt durch einen unsichtbaren, aber sehr fühlbaren geo-spirituellen »tellurischen Trichter«. Wer sich im Ergehen und Erfühlen magischer Orte geschult hat, der fühlt dieses Saugende, spürt es trotz der netten Ablenkungen, die der Domladen bietet. Durchqueren Sie das ans nördliche Seitenschiff angrenzende Geschäft und orientieren Sie sich dabei immer zur Linken hin: Bald sind Sie bei der Westwand des Nordturms und an einer

QUOD
FRANCISCUS CARDINALIS ARCHIEP. VINDOBONEN.
APUD VARAZDIN IN JUGOSLAVIA
ALOISIO STEPINAC MUNERIS CONSORTI PARENTATURUS
E GRAVI EREPTUS EST VITAE DISCRIMINE
ID. FEBR. A.MCMLX
HUIUS TEMPLI CANONICORUM COLLEGIUM
GRATI ANIMI ERGO M.P.

Nische angelangt, die nach oben zu, zum Himmel hin, von einer Glasfläche abgedeckt ist. Darüber der Himmel Wiens. Spüren Sie, wie sehr alles »nach oben« zieht und wirkt. Ein Himmelstor.

Genau hier finden Sie – sehr überraschend in der letzten Ecke des Ladens, der wie eine energe-tische Schranke agiert, ja gar wie eine zu über-windende Einweihungs-Sperre – Christus als Schmerzensmann. Der Geschundene gibt sich in sein Schicksal (!). Wohl eines der größten und dramatischsten Schicksale von Religionsge-schichte: der göttliche Auftrag einer Erlösung für die Menschheit durch Leid (nebenbei: Wovon sollen wir eigentlich erlöst werden? Wir sind Gottes Abbild, und der liebende Schöpfergott wird sich doch kaum von sich selbst erlösen müssen?). Christus mit allen Insignien des Leidens – Seitenwunde, Dornenkrone, Nagelmale –, mehr tot denn lebendig. Schauen Sie genau hin: Jesus der Christus ist tot daliegend dargestellt, aber dennoch stehend, so als hätte man eine Liegendfigur später senkrecht aufgestellt; der Geschundene, möge man ihn nun als tot oder lebendig interpretieren, hat kraftlos den Mund geöffnet in gottergebener Hingabe, so als wolle er sagen: »Oh, mei …!«

Im Volksglauben und in »der Sage« aber ist dieser Leidende als der »Zahnweh-Herrgott« bekannt. Warum das? Da findet sich folgende (vielsagende) Sage: Eines späten Abends, vielleicht auch schon zu schlafender Nachtzeit, rumpelten und grölten drei betrunkene Wiener Burschen durch die Gassen der Altstadt. Sie gelangten so schließlich an die Ostseite des Stephansdomes. Dort befand sich damals die steinerne Figur des Schmerzensmannes, der, wie heute noch, die Arme mit den durchbohrten Händen in stiller Verzweiflung vor dem Bauch verschränkt und den zahnlosen Mund in willenlos-willensergebener Opferhaltung offen hält. Ein frommes Mutterl, das Mitleid empfand mit dem steinernen Bildstock, hatte dem armen Jesus einen Blumenkranz mit weißem Seidenbändchen zum Schutz gegen den scharfen Wind umgebunden. Dies kleine Werk der Liebe erregte den Zorn und Spott der besoffenen Burschen Diepold, Georg und Wendelin. »Ah gä, schau da den a …«, blökte der erste der Zechbrüder.

Seltsam, dass heilige und heiligende Gegenstände und Inhalte, zumeist auch die Gottheit selbst, so schnell zum Objekt des Spottes Betrunkener geraten. Warum? Weil hier der Teufel leichtes Spiel hat.

Da eines der Seidenbändchen dem leidenden Herrgott über die Wange hing und im Wind flatterte, fingen die Saufbrüder an, ordinär zu lachen: »Gäh schau: Zahnwäh hat a, da Liabe Gott …!«

»Und so was soll allmächtig sein!«, so der zweite.

»Do lach i ja!«, der dritte.

Nun übertrafen sich die Spießgesellen in Hohn und Spott über eine eh schon geschundene Gottessohn-Figur, die dann auch noch halbnackt in Wind und Wetter an einer zugigen Ecke des Stephansdomes diese raue Nacht überstehen musste. Und all das auch noch ohne Alkohol! Armer Jesus Christus! Immer blöder wurden die Witze, immer gotteslästerlicher, bis der Teufel und die Dummheit vollends ihr Werk getan hatten und das liederliche Trio grunzend und grölend weitertorkelte, um irgendwann dann doch den Weg in schmierige Bettlaken zu finden. Diepold, Georg und Wendelin schliefen, von bösen Träumen überschattet, ihre schlimmen Räusche aus, bis weit in den hellen Sonntag hinein.

Der feste Ton der Pummerin, die längst zum Gottesdienst gemahnt hatte, fiel da dem dumpftoten Schlaf des Rausches zum Opfer.

Schicksal, so wie es den Menschen ereilt, ist stets eine direkte Folge der inneren Gedanken und folglich auch der Taten. Nur sehen die meisten Menschen diese Zusammenhänge nicht. Oder wollen nichts sehen. Und Gott lässt seiner nicht spotten. Steht schon in der Bibel.

Wendelin wälzte sich im Bett, kalt schwitzend zwischen Nacht und Tag und Traum und Qual. Bomm! Das war nicht die Pummerin, das war der stechende, pochend-pulsierende Schmerz im Mund. Zahnweh der allerschlimmsten Sorte. Pein, Leid. Buße! Hatte er eben noch den Schmerzensmann verspottet, nun hatte er selbst das Leid. Er strich im Zimmer auf und ab wie ein angeschossener Tiger. Das Zahnweh drang vom Kiefer hinauf bis in die Stirn, hämmerte von innen gegen den Schädel und floss heiß wie glühende Lava hinab bis in die Zehenspitzen. Ein Arzt musste her! Dann erfuhr er bald vom Doktor: Den anderen ging es genauso. Die Strafe für den bösen Frevel! Abbitte tat not. Alle drei Männer trafen sich beim Schmerzensmann und bereuten bitterlich ihre Tat (die Reue fällt ziemlich echt aus, wenn fordernder Schmerz dahinter lauert). Und ehrliche Reue hilft immer. Das Zahnweh schwand. Der leidende Christus mit dem offenen Mund heißt seitdem im Volksmund »Zahnweh-Herrgott«.

Schloss Belvedere

Warum Prinz Eugen ein oberes und ein unteres Belvedere anlegen ließ

»Die ersten tellurischen Gottheiten sind eigentlich Gottheiten des Ortes, nicht der Erde im Sinne von Grund und Boden. Der Ort wird dabei als Grund alles Existierenden gesehen, als Träger allen Seins ...« Das schreibt der promovierte Naturwissenschaftler Peter J. Gowin in einem nur schwer zugänglichen Buch, dessen Titel den geistigen Hintergrund verrät: »Freimaurerei und Persönlichkeitsentwicklung«, erschienen in Wien 2012. Nebenbei: gefunden und erstanden in der Rauhensteingasse, ganz in der Nähe des Stephansdoms.

Orte der Macht offenbaren sich oft durch den Namen, wobei der Name (dazu zählen auch alte keltische Benennungen, Orts-Sagen und lokale Historien) sich dem Kundigen gegenüber verhält wie das sprichwörtliche »offene Buch«. Beachten Sie in Kirchen die Heiligen mit offenen Büchern und jene mit geschlossenen!

Das Schloss Belvedere (= Schöne Sicht: »Sehen« Sie den Begriff der Sicht nun mit wacheren Augen!) wird seinem Namen gerecht und ist beeindruckend schön. »Oh!«, sagen alle Besucher und sind von der prunkvoll-ästhetisierenden Baulichkeit, dem einen Drachenpfad begleitenden Gartenensemble, vor allem aber von dem »erhabenen« Blick über die Stadt Wien schlichtweg begeistert. Belvedere aber ist mehr: ein geschlossenes Buch über Herrschaftswissen und

Macht für die vielen – »offen« aber für alle, die hinzusehen verstehen.

Der so erfolgreiche Feldherr und Kunstliebhaber Prinz Eugen von Savoyen (1663–1736) hat sich das wunderbare Gartenpalais Belvedere, damals noch vor den Toren Wiens gelegen, als Sommersitz erbauen lassen.

»Eugen Franz, Prinz von Savoyen-Carignan [...] (* 18. Oktober 1663 in Paris; † 21. April 1736 in Wien), unter dem Namen Prinz Eugen bekannt, war einer der berühmtesten Feldherren des Hauses Österreich und wesentliche Stütze der Großmachtstellung Österreichs innerhalb Europas. Er war ab 1697 Oberbefehlshaber im Großen Türkenkrieg. Neben dem Herzog von Marlborough war er während des Spanischen Erbfolgekrieges (1701–1714) Oberkommandierender der antifranzösischen Alliierten. Nach der Wiederaufnahme des Krieges gegen die Osmanen (1714–1718) sicherte er die österreichische Vorherrschaft in Südosteuropa. [...] Er war als Bauherr und Kunstsammler einer der bedeutendsten Mäzene seiner Zeit.« (*Wikipedia*)

Wie so vieles, das den allumfassenden Geist des Barock abstrahlt, will Belvedere ein Gesamtkunstwerk sein. Lassen Sie die kunstgeschichtliche Benennung »Oberes« und »Unteres« Belvedere nicht nur körperlich-materiell in Ihre Sinne dringen. Erspüren Sie das Ensemble mit dem

Ober- und dem Unterbewusstsein! Es ist kein Zufall, dass im »Oberen Belvedere« die größte Gustav-Klimt-Sammlung der Welt zu finden ist. Klimt, dessen Bilder direkt der Seele, wenn nicht gar dem Schöpfungsgedanken und dem lebensbejahenden Verherrlichen der Frau entspringen.

Oben und unten. Beide entsprechen sich. Wie im Himmel, so auf Erden. Positionieren Sie sich so im Park, dass sich das »obere« Belvedere im Wasser des weise angelegten Sees spiegelt, und Sie erleben mehr als nur einen schönen Blick. Sie sehen »hinter« die Gesamtidee. Finden Sie »die Orte«. Im Oberen Belvedere der zentrale Eingangssaal, Sala Terrana genannt. Stellen Sie sich mittig zwischen die vier weißen, den Gesamtkomplex tragenden Säulen. Sie gewinnen ein seltsames Prickeln, eine irritierende Verbundenheit mit geistiger Macht. Und dann schreiten Sie das monumentale Stiegenhaus, im Grunde ist dies ein Stiegen-Palast, nach oben. Genießen Sie Ort, Macht, Zeitlosigkeit – und Gustav Klimt. Klimt, den wohl größten Magier des Jugendstils, jener hochästhetischen Darstellungsform zwischen Symbolismus, Magie, Esoterik, Geheimwissenschaften – und vor allem gottesnaher, berauschender Schönheit.

Der Kuss! »… ist eines der bedeutenden Werke von Gustav Klimt und ebenso der Malerei des Jugendstils. Es gilt zudem als das bekannteste Gemälde des Malers, da es durch Reproduktionen in vielerlei Form weit verbreitet wurde. Es entstand 1908, einer Zeit, die als Klimts goldene Phase bezeichnet wird …« (*Wikipedia*) Noch mehr Fakten? Damals schon erhielt Klimt für das Gemälde die Summe von 25 000 Kronen. Beachtlich. Aber »Der Kuss« reicht unendlich weit über interpretatorische und materielle Fakten hinaus! In der goldenen Phase des Künstlers, was ging da in seiner empfänglichen Seele vor?

Er hinterlässt uns hier ein Vermächtnis, das vielleicht größer ist als jenes der Schatzkammern am Nil: Mann und Frau und Zu-Neigung, Sehnsucht, Erfüllung. Die Nichtfarbe Gold, Transzendenz, Verschmelzung, männliche und weibliche Ursymbole auf den Gewändern. Die Blumenwiese, sogenannte Verfügbarkeit der Frau. Hingabe nicht als Unterwerfung, sondern als lockende Macht … Die Hingabe von beiden (!), die Hingabe, das vollkommene Sich-Verlieren an die Liebe.

Das Bild ist eine herrliche Hymne an das Leben selbst. Und damit an Gott, an die Schöpfung und die wunderbar-schöpfungsfrohe Verschmelzung der Polaritäten. Mehr »Geheimlehre« geht nicht.

Verinnerlichen Sie eines der Meisterwerke von Klimt, und Dogmen der Kirche, weil ohne Liebe und Leben, lösen sich auf ins Nichts. Das ist wahre Macht, am wahren »Ort der Macht«. Keine größere Macht gibt es auf Erden und im Kosmos als das Leben selbst und Gottes Schöpfung: Sichtbar im Schönen. Und hier im oberen Saal des Oberen Belvedere, dem Ort der »Schönen Sicht« – alles so deutlich »vor Augen«!

Peterskirche in Wien

Opus Dei, Bundeslade, Heilige Lanze … und der Gral

Magische Zahl Drei! Dreimal ist am magischen Ort die Peterskirche neu entstanden. Zufall? Für den Kabbalisten bestimmt nicht. Und von der Peterskirche zur Dreifaltigkeitssäule ist es auch nicht weit …

Vom Stephansdom nur ein kleines Stück in nordwestlicher Richtung, an der Pfählung des energetisch so starken Grabens durch die Dreifaltigkeitssäule vorbei, und schon öffnet sich der Platz nach Norden hin. Jene weite Habsburger Straße, die den Graben kreuzt und die Einkaufsmeile Kohlmarkt parallel Richtung Hofburg begleitet, zieht hier zur Rechten eine harmonische Schleife, gibt damit einen »Wiener Postkartenblick« frei. Die sich eröffnende Szene hat etwas von einem Tempel-Vorhof.

Aber – mia san in Österreich – ein sehr wienerischer Tempel-Vorhof: Dieser Himmel, Hölle, Erde und auch die Donaumetropole einschließende Kraftort bleibt angenehm vom steten Hufgeklapper der Fiakerpferde und dem für Wien typischen stoischen Rollen eisenbeschlagener Kutschenräder beschallt. Und im Blickzentrum nimmt den Grals-Sucher die harmonische und lockende Gliederung der Peterskirche mental und spirituell gefangen. Sowohl horizontal als auch vertikal ist dieser sichtbar-unsichtbare Tempel der Einweihung drei-geteilt. Und das nicht ohne Grund.

»Betritt man die Peterskirche durch das Haupttor und wirft man einen ersten vorsichtigen Blick in das Innere der Kirche, so hat man mitunter das Gefühl eines Heimkehrens …«, stellen die Autoren Bouchal/Beck in dem Werk »Kraftorte in Wien« fest, um dann zu dem richtigen Schluss zu kommen: »Es muss wohl an der Einflusszone nahe des Eingangs und den hier wirkenden Energien liegen …« (S. 125). Wie bei fast allen Gotteshäusern liegt das energetische Zentrum außen und keineswegs im innersten Kern! Auch nicht im Altarraum ist diese Ortskraft »Ort«-bar, egal ob der Ankommende mutend oder fühlend das Terrain für sich erschließt. Obwohl die aus der Rundkuppel abstrahlenden Energien auf den Besucher gewaltig sind. Der Raum ist umbauter Heils-Klang.

Der Kraftort-Wissende braucht die Peterskirche gar nicht mehr zu betreten. Die Kraft des Ankommens, die sinnliche Entdeckung des Vorplatzes (des Tempel-Vorhofes) ist die alles entscheidende Tat. Wer weiß: Wahrscheinlich hat sich auch beim Tempel Salomons im Vorhof mehr abgespielt denn im Inneren oder gar im Allerheiligsten. Überlegung: Wenn eine Religion/Sekte/spirituelle Vereinigung Menschen wirklich beeinflussen will (und alle wollen das), soll sie dann warten, bis die Schäflein alle im Innern des Tempels weilen? Sind es doch wesentlich mehr, die achtlos daran vorbeigehen … Der Geist wirkt überall. Auch auf der Straße.

Tempel? Das bringt uns, die wir den Gral suchen, geistig in das Umfeld der Bundeslade. Von der weiß jeder alles – und nichts. Was dann bereits zu alttestamentlicher Zeit die Lade als einen der Sitze des Göttlichen auszeichnet und später ab dem hohen Mittelalter in Gralsnähe rückt. »Dass die Bundeslade noch in den Ruinen des salomonischen Tempels vergraben wurde, kann aus der Geschichte der Lade entnommen werden…«, stellt Louis Charpentier in dem Welten eröffnenden Buch »Die Geheimnisse der Kathedrale von Chartres« fest (S. 6). Und weiter: »Die Bundeslade verteidigte, mit einem magischen Zauber ausgerüstet, von dem wir heute nicht mehr viel verstehen, sich selbst.«

Selten finden sich bei all den spekulativen Überlegungen, wie sie im Umfeld der Bundeslade quer durch die Jahrhunderte immer wieder auftauchen, Hinweise auf ein geomantisches Wissen. Das Wissen um die Kräfte der Erde also. Denn die souveräne Kenntnis und der Respekt vor den Kraftorten und den sie verbindenden Erdenergie-Linien (Drachenpfaden) sind schließlich untrennbar mit dem Geheimnis »der Lade« verknüpft! Charpentier wagt da einen entscheidenden Hinweis: »Es scheint, dass David, der Musiker, der im Riesen Goliath die Macht der Materie überwinden konnte, Kabbalist gewesen ist […] Jedenfalls war er der Geomantie kundig genug, um den Ort zu bestimmen …« (S. 62). Und der Ort – das ist natürlich der Tempel, der Tempelberg.

Der Ort birgt die Lade, und alle zusammen sind bis heute nicht zur Ruhe gekommen. Wie auch. Das Faltblatt »Rektoratskirche St. Peter« weist nicht zufällig darauf hin, dass auf dem Hochaltarbild die Heilung des Lahmen an der Schönen Pforte des Tempels von Jerusalem dargestellt wird (S. 4). Vielleicht ist eines der Geheimnisse der Bundeslade, deren wichtigster Inhalt in den Tafeln der Gebote bestand, ein verborgenes Wissen um »den Ort« – und »den Weg«. »Der Weg« wird später das entscheidende Werk des Opus-Dei-Gründers Escrivá heißen.

»Drei Tafeln tragen den Gral. Die erste ist rund, die zweite quadratisch, die dritte rechteckig. Sie haben den gleichen Umfang, und ihre Zahl ist 21 …« (Charpentier, S. 125).

Da stehen wir! Im Zentrum Wiens, sind gefangen vom Vorhof der Peterskirche und denken nach über die Bundeslade. Eines ihrer Geheimnisse (oh ja – dazu gehört auch das Wissen um die Macht) soll das »rechte Maß« gewesen sein. Und die Kirchenfront vor uns kündet davon. Der Normalbürger und auch der Wissende, beide erleben dieses rechte Maß als harmonisch, edel und schön. Von oben betrachtet, stellt die Peterskirche eine Ellipse dar, der ein Kreuz einbeschrieben ist, derart, dass der Kopf des Gekreuzigten genau vom Hochaltar-Raum gekrönt wird. Lassen Sie die Gedanken, Bilder, Visionen und auch die gedachten Klänge zu, die Ihnen angesichts dieser einbeschriebenen Botschaft einfallen. Es ist immer das Richtige.

Kunstgeschichtliche Fakten? Deren sind hier unendlich viele, die Optik innen und außen ist

von einer geradezu überwältigenden Fülle und Ästhetik. Der Blick nach oben, hinein in den Barock-Himmel, macht schwindelig. Aber nicht ablenken lassen: Die Welt hinter der Welt … ist die wirkliche Welt, die keinen Gesetzen der Materie unterliegt. St. Peter steht genau an der Stelle, an der die erste christliche Kirche Wiens stand, die einem römischen Lager folgte. Und immer an der richtigen Stelle, am magischen Ort. »Ein Ort also, an dem seit mehr als 1600 Jahren Gottesdienst stattfindet …«, vermeldet der Flyer stolz.

Und nun, was sehen Sie, hinter dem so Sichtbaren? Die Kirche hat eine Nord-Süd-Ausrichtung: Der Eingang ist im Süden, der Altar im Norden, ähnlich der St.-Michaels-Kirche in München, die eine vergleichbare energetische Wirkung aufweist. Genordet! Wie viele Epochen und Umbauten hat die Kirche hinter sich. Römisches Heerlager, damals vermutlich eine Hallenkirche, der romanische Umbau, dann die Gotik, schließlich das »sichtbare« Barock; 1679 wurde von Kaiser Leopold I. die dritte (!) Peterskirche veranlasst, die eben auch der Drei gewidmet ist, nämlich der Dreifaltigkeit.

Von der jahrhundertealten Suche nach den Mitteln, modern ausgedrückt den »Skills« der Weltherrschaft (Heilige Lanze, Bundeslade, Goldenes Vlies, Geldfluss-Insider-Wissen – und natürlich der Gral) ist es seit Dan Browns Bestseller-Spektakeln um tief vergrabenes Einweihungswissen, dunkle Kirchenmächte, Verschwörungen, Selbstgeißelung und einem wild gewordenen Opus-Dei-Killer-Albino nicht mehr weit zur Verquickung der Anti-Dreifaltigkeit:

- Machtort
- Geheimgesellschaft
- Opus Dei

Hier in der Kirche St. Peter in Wien finden Sie alles! Und das auch noch in einer geradezu perfekten Feinabstimmung und einem perfiden geistigen Zusammenklang, einem Drei-Klang natürlich, der, weniger hörbar denn fühlbar, das Grundbrummen der wahren Macht liefert. Hören Sie den Ton? Er tritt immer dann auf, wenn die Bedingungen stimmen.

Zunächst wertfreie Fakten: »Opus Dei (dt. Werk Gottes) ist eine 1928 vom Heiligen Josemaría Escrivá in Madrid gegründete Laienorganisation der römisch-katholischen Kirche in der Form einer Personalprälatur. Die Organisation wirkt im Bereich der Seelsorge und der geistlichen Bildung von Laien und hat weltweit 87 000 Mitglieder. Der Hauptsitz von Opus Dei ist Rom …« (*Wikipedia*). Richten Sie nicht, urteilen Sie nicht, staunen und genießen Sie, was hier an morphogenetischen Feldern »los« ist: Fühlen Sie sich emporgehoben? Dem Himmel nahe … und doch regen sich himmlische Machtgelüste …? Dies ist hier am magischen Ort sehr wahrscheinlich. Und alles andere denn Zufall: »Die Welt zu Gott emporheben und sie von innen her verwandeln…«, so ist die Predigt von Papst Johannes Paul II. bei der Heiligsprechungsfeier des Opus-Dei-Gründers Josemaría Escrivá de Balaguer am 6. Oktober 2002 auf dem Petersplatz überschrieben. Und dem heiligen Escrivá (keiner schaffte seine Heiligsprechung so schnell wie dieser, die gesamte Kirchengeschichte hindurch war die Heiligkeit niemals so kurzfristig erwiesen wie bei Escrivá), eben dem großen Spanier ist der energetisch interessanteste Seitenaltar der Peterskirche gewidmet: links vorne, zusammen mit der Heiligen Familie.

Ein Blick auf Leben und Werk (Opus) Escrivás lohnt allemal: Der heilige Josemaría Escrivá wurde am 9. Januar 1902 im spanischen Barbastro geboren. Die Priesterweihe hat er 1925 in Saragossa empfangen. Auf eine göttliche Eingebung hin – so der offizielle Flyer mit kirchlicher Druckerlaubnis – gründete er 1928 das Opus Dei. »Derart inspiriert begann Escrivá ›Apostel‹ um sich zu scharen. In den ersten Jahren wuchs das Opus Dei allerdings nur spärlich, man lebte, predigte, geißelte sich meist in schäbigen Unterkünften, die Beichte musste Escrivá mitunter sogar in der Küche abnehmen. Aber es kam noch schlimmer: Im Spanischen Bürgerkrieg musste der junge Ordensgründer untertauchen. Er versteckte sich in einer psychiatrischen Klinik und spielte dort fünf Monate lang den Geisteskranken (der er in gewisser Hinsicht sicherlich auch war).« (Aus: Dr. Michael Schmidt-Salomon, Trier: »Gesegnet sei der Schmerz: Josemaría Escrivá und sein ›Werk Gottes‹«, MIZ 1/2000).

Kritiker und Nichtversteher gibt es also genug, was »Das Opus« betrifft. Gesehen werden selten die wunderbare Mystik und Versenkung Escrivás und der immense geistige Anspruch, man kann ruhig sagen: im positiven Sinne ein Elite-Denken! Während der liebevollen Betrachtung eines Bildes der Jungfrau Maria starb der Gründer des Opus Dei, dem hier in St. Peter ein Altar gewidmet ist, plötzlich und unerwartet im Jahre 1975. Und 2002 wurde er, 27 Jahre nach dem Tod, vom polnischen Papst heiliggesprochen.

Die Wiener Rauhensteingasse

Der raue Stein, der behauene Stein – und das Wissen, wie der Stein zu bearbeiten ist

»Und so lang du das nicht hast
Dieses: Stirb und werde!
Bist du nur ein trüber Gast
Auf der dunklen Erde«.   *J. W. v. Goethe*

Magische Orte sind morphogenetische Plätze mit histo-geomantischem Hintergrund. Bereits in »Magische Orte in Österreich« und in »Magische Schicksalsorte in Bayern« habe ich zu beweisen versucht: Der Ort bedingt das Geschehen. Nichts geschieht zufällig da, wo es geschieht! Zu den Schicksalsorten gehören alle Arten von Hinrichtungsstätten, auch nach Jahrhunderten ist die negative Kraft spürbar. »Erst ab dem 13. Jh. wird in Wien ein Henker erwähnt. Zuvor übten Schergen, Fronboten oder der jüngste Schöffe das Amt aus. Im Spätmittelalter erhielt der Henker in der Rauhensteingasse sein Quartier zugewiesen. […] Die Gefangenen sollen auf Matten (Dacken) auf rauhem Stein gelegen haben. Davon leiten sich der Straßenname ab und die Redewendung: ›Auf der Dack'n liegen …‹ (wenn es einem schlecht geht).« (Website der Fremdenführerin Hedwig Abraham, *www.viennatouristguide.at,* über die Rauhensteingasse)

Allerdings erinnert der Name »Rauhensteingasse« in erster Linie an den unbehauenen, also den rauen Stein, der eben von wissender Hand zu bearbeiten ist, was wiederum eine Allegorie auf die Vervollkommnung des Menschen sein soll. Wählen Sie den Weg vom Stephansdom, vom herrlich bearbeiteten Stein also, zum rauen Stein. Sie gehen dabei von der östlichen Apsis, dem Altarraum des Domes, etwa fünf Minuten in südlicher Richtung. Schon die Suche ist eine kleine Einweihung. Sie müssen den Weg gehen und wissen dann, warum. Finden Sie die kleine, aber feine Buchhandlung am magischen Ort – oder lassen Sie sich von ihr finden.

Es lohnt sich immer, einen Weg zu suchen. Das GPS ist nicht für Eingeweihte und schon gar nicht für Führungs-Typen, sondern für Geführte! Und wenn Sie vorher in diesem Buch das Kapitel »Christus als Freimaurer« gelesen und die das West-Tor des Stephansdomes beherrschende Christus-Weltenrichter-Figur mit dem entblößten linken Bein betrachtet haben, dann sind Sie optimal vorbereitet.

Da der raue, der eben unbehauene Stein einen der drei Einweihungsgrade darstellt, einige wenige Überlegungen – bei diesem Thema ist nicht viel zu sagen, wer's nicht selbst erkennt, erkennt's nie – zum Drei-Schritt des Lebens, des gesamten Seins und zu den »Drei-Punkte-Brüdern« im Besonderen: »Lehrling, Geselle und Meister. Zusammen bilden sie die Dreizahl der Werkmaure-

rei«, entnehmen wir dem Grundlagenwerk »Logen Rituale Hochgrade. Handbuch der Freimaurerei« von Alec Mellor (S. 324). Lesen Sie nach unter »Dreifaltigkeits-Säule«: Die Drei hat es wirklich in sich: Geburt, Leben, Tod. Anfang, Hauptteil, Schluss: Das Leben selbst und die das Leben widerspiegelnde Kunst sind ohne »Dreiklang« undenkbar. Nicht umsonst klingt der Dreiklang besonders harmonisch, weil dem Leben zugewandt.

Sprechen Sie das Wort »Klang« laut aus und achten Sie auf Ihre Gefühle. Der Klang, der Durchklang (per-sonare, erst der Klang ergibt die »Person«), das klingende Wort: Alles geht zurück auf den eine Form findenden Geist. Davon gleich.

Kult, Magie, Beschwörung … Das Kapitel hier wird sich nicht zu den Logen äußern, denn alles ist in unzähligen Werken mit zumeist reißerischem, verschwörungstheorieseligem Charakter gesagt. Und noch mehr ist nicht gesagt und dennoch bekannt. Und das eigene Erleben der Symbol-Wirkungs-Welten wird niemals in Worte fassbar sein. Suchen Sie am Westportal des Stephansdoms den Meister, der das Meisterzeichen macht, finden Sie das Halszeichen … Der gesamte Bau ist eine grandiose, transzendierende, zu behauenem Stein gewordene, sichtbare und dennoch verborgene Initiation.

Lernen Sie die Welt hinter der Welt sehen, denn das ist die wahre Welt. Wenn Ihnen irgendwann zwei Säulen begegnen, wenn ein charismatischer Mitmensch Ihre Hand seltsam nach-»drücklich« drückt, dann wundern Sie sich nicht: Man hat Sie erkannt, auch wenn Sie nirgends »dabei« sind: Gibt es doch auch genügend »Maurer ohne Schurz«. Und seien Sie beim Betrachten, beim Lesen der vielfältigen Symbole achtsam, versuchen Sie, die Wirkung (!) des Symbols zu ergründen. Freimaurerei, Logenarbeit ohne die Kraft der Symbole wäre absurd. Denn Symbole wirken immer, auch auf den, der nicht an die Wirkung glaubt. Und auch auf den, der nicht um deren bahnbrechende Wirkung weiß.

Geist? In der Schöpfungsgeschichte der Bibel, der wunderbaren Genesis, heißt es: »Und Gott sprach, es werde …!« Und mit diesem Wort schuf er, was immer er wollte. Etwa die Welt, wie wir sie

kennen oder die wir zu kennen glauben. Wille ist Macht. Magier wissen das. Und das Wort verleiht dem Willen die wirkmächtige Schwingung. Das Wort, es ist ebenso wie die Schrift, die Zeichnung, die Sigille, die Metapher eine Auswirkung des Geistes. Gedanke und Wille vereinen sich und finden dann die Form. Wahrlich ein Gottesgeheimnis, aber für Menschen (Gott sei Dank) kaum realisierbar, so gut wie nie umsetzbar. Denn wir sind eben nicht Gott. Gnostiker mögen das anders sehen.

Gedanken sind elektromagnetische Schwingungen. Und Gedanken liegen allem, wirklich allem zugrunde, was ist. Ein Hausbau ohne vorherigen Plan? Unmöglich. Letztlich ist aber auch jeder Stein, jeder Grashalm und jeder Wasserfall ein umgesetzter Gedanke. Achten Sie also sorgfältigst, geradezu peinlich darauf, was Sie denken. Denn Gedanken (die Wichtigkeit der freimaurerischen Symbol-Kultur lehrt uns dies) sind die unsichtbare, aber sehr wohl spürbare Vorstufe – zur lebendigen sowohl diesseitigen als auch jenseitigen Wirklichkeit.

Augustinerkirche, »Herzerlgruft«

Gibt es einen Seelen-Körper, der sich aus einzelnen Seelen-Gliedern zusammensetzt?

»Liaison mit dem Tod … Unterwegs in der Stadt der schönen Leichen …«, so ist ein Bericht im Reiseteil der »Welt« tödlich treffend überschrieben. Und tatsächlich, was immer auch über Tod, Wien, Österreich und Okkultismus geredet und zerredet ist: Der Tod hat hier seine eigene Ästhetik. Das macht Wien so lebendig. Der Tod als ein unsterbliches Gesamtkunstwerk. Vor allem aber hat der Tod, dieses größte, schönste, gruseligste Geheimnis des Lebens (!), und zwar nicht nur des irdischen, sondern auch noch des überirdischen Daseins … hier in Wien seine magischen Orte, seine Schleusen zwischen Erde und Himmel, feste energetische Plätze.

Für Kraftort-Fortgeschrittene: Auch der Tod ist Sache des Ortes. Des magischen Ortes! Denn der Tod ist Magie (Transformation) pur. Und dazu Herzenssache. Wir gehen in die »Herzerlgruft« der Augustinerkirche in Wien. Aber vorher noch ein weiteres Zitat aus *der Welt:* »Die letzte wirklich ›schene Leich‹ hat Wien erst vor einem Jahr erlebt, nach dem Tod ihres legendären Bürgermeisters Helmut Zilk. Im bis auf den letzten Platz besetzten Stephansdom las der Kardinal das Requiem, die Wiener Symphoniker spielten erst Bruckners Messe in d-Moll, dann den Donauwalzer. Und bevor vier Pferde den Sarg des toten Bürgermeisters in einer 100 Jahre alten Glaskut-

sche zum Zentralfriedhof zogen, erklang die Pummerin, die größte Glocke des Doms, die sonst nur zu Silvester das neue Jahr einläutet …« Es kommt noch besser, denn mit dem Tod fängt das Leben eines Herrschers erst an, jedenfalls im übertragenen Sinne: »Die Habsburger wurden nach ihrem Tod über den gesamten 1. Wiener Bezirk verteilt. Nicht insgesamt gesehen, sondern jeder Einzelne. Nach dem Requiem im Stephansdom blieben dort nur die kaiserlichen Innereien, das Herz kam danach zu den Augustinern in die »Herzerlgruft«, der einbalsamierte Rest zu den Kapuzinern.«

Der Weg vom Stephansdom zur Augustinerkirche ist nicht allzu weit. Sie ist heute ein Teil des Albertina-Traktes der Wiener Hofburg. Unter dem Langhaus der alten gotischen Kirche wölbt sich eine erdenkühle Gruft, heute nicht mehr zugänglich, aber energetisch durchaus noch spürbar, eine Totenhalle der Mutter Erde, die als Grablege der Augustiner und auch des Hofadels gedient hat. Hinter der Loretokapelle der Augustinerkirche und von ihr durch eine Eisentür getrennt befindet sich in einem halbrunden Anbau die bekannte Herzgruft der Habsburger. Darin werden in metallenen Urnen die Herzen von 54 Habsburgern aufbewahrt, die hier eine Herzbestattung erhielten.

Überlegung für Kraftort-Wissende bei Exkursionen und Gesprächsstoff bei unzähligen Führungen: Warum achten die Herrschenden (damit die Wissenden) so sorgfältig darauf, dass ihre Körper rituell erhalten bleiben, auch nach dem sogenannten Tod? Führen die einzelnen Glied-Teile des Körpers ein Eigenleben, auch »danach«? Was wissen die Mächtigen der Erde, da sie so sorgsam achten, welcher Körper(-teil) wo ruht?

Lesen Sie die Geschichte der Grablegung von Lazarus und auch von Jesus aufmerksam unter dem Aspekt des Ortes! Hängen Unsterblichkeit und Auferstehung womöglich auch mit dem rechten Platz zusammen?

Wir wollen, hier in der Herzerlgruft, herzlich nachdenken, warum alle (!) Medien, ausgenommen streng kirchlich geprägte Veröffentlichungen, so ängstlich und dogmatisch darauf bedacht sind, einen geradezu fanatischen »Glauben« an das Diesseits zu fördern und den allzu natürlichen Jenseits-Glauben lächerlich zu machen. Dazu gehört auch die bekannte und andauernde Hetzjagd der Medien auf die Kirche, vor allem die katholische, in Deutschland und Österreich. Allein die Akribie der Jenseits-Leugner sollte als Hinweis dienen, dass es »etwas« gibt, das die Herrschenden dem Volk vor-enthalten.

Haben Sie Glaubens-Mut: »Es« geht weiter. Aber nicht für alle. Gehen Sie mit Bewusstheit zur Herzerlgruft, gehen Sie zur Kapuzinergruft (siehe »Magische Orte in Österreich«). Schreiten Sie vom Dunkel zum Licht.

Dom der heiligen Hemma in Gurk

Die Quelle unter der Krypta und ein aufregender Durchkriech-Altar

Indem Sie dieses Buch lesen, erwandern Sie ausgesuchte magische Stätten. Im Geiste. Die Gedankenreise geht der körperlichen voraus. Die Auswahl erfolgt bewusst nach einem Zufalls-Prinzip, so wie all die anderen Bücher über magische Orte nur einem Plan folgen, den eine höhere Macht mir eingab. Manchmal habe ich fast den Eindruck, das Auto, das Fahrrad, die Füße … sie alle wussten und wüssten besser als ich und mein viel zu verkopftes Ego, wohin der Weg führen soll. Auch das ist – nennen wir es doch Schicksal. Es »treibt mich« hin, irgendwohin, und dort, wo die Reise endet oder der Ausflug, da ist immer der »richtige Platz«. Lassen Sie sich also geistig führen, später auch körperlich, lassen Sie sich treiben. Geben Sie sich der Macht magischer Orte hin.

Der Dom der heiligen Hemma im Gurktal (Mittelkärnten) hat sich allerdings als absolutes »Muss« für den Kraftortjünger entpuppt. Mich hat »es« dort einen ganzen unvergesslichen Tag gehalten. Und der magische Ort lockt weiter, wahrscheinlich tut er das ein Leben lang. Erinnern Sie sich, was Sie bereits über Klobensteine, Durchkriech-Steine, Schlupfsteine erfahren haben: Gedanken der Geburt und Wiedergeburt, der Wechsel der Polaritäten, »vom Dunkel ins Licht« (Einweihung!), Erneuerung, Altes hinter sich lassen … oder einfach nur das Naheliegende:

sich der Strahlkraft des magischen Gesteins am magischen Ort bewusst aussetzen.

Sie werden bereits während der Fahrt durch das so liebenswerte Gurktal transformiert. Aus Richtung Klagenfurt oder St. Veit kommend, geht es bei dem herrschaftlichen Schloss Pöckstein links genau in westlicher Richtung ab, immer am fließenden Wasser der Gurk entlang. Der Doppelturm des majestätischen Stifts von Gurk ist bald unübersehbar. Was für eine Fern-Energie, die Sie sogar im fahrenden Auto trifft. »So sind Sie aufgebrochen und haben erfahren dürfen, wie der Weg Sie verändert. Wenn Sie die mächtigen Türme des Domes von weitem sehen, wird der Schritt etwas schneller …«, schreibt die Pilger-Begleiterin Monika Gschwandner-Elkins in ihrem Buch über Hemma-Pilgerwege.

Am ersehnten Ziel finden Sie genügend Parkplätze, und vor dem Eingang zum weiträumigen Klosterhof erstaunt Sie ein modernes Kunstwerk mit einander begrüßenden Händen. Wenn Sie »den Blick« haben, dann werden Sie den Logengruß der ersten drei Einweihungsstufen erkennen. Lehrling, Geselle, Meister. Welt hinter der Welt. Hier aber ist wirklich alles Einweihung. Am Tor erkennen Sie das Deutschherren-Zeichen. Der Torturm ist zugleich Tor-Haus, das energetische Schleusen-Tor wurde in den Jahren von 1680 bis 1682 erbaut. Im Klosterhof fühlen Sie

sich dann seltsam gefangen. Ist vielleicht im Verlauf von tausend Jahren Unaussprechliches passiert hier hinter hohen Mauern? Oder spürt der fühlige Pilger, der die Entschleunigung sucht, einfach zu viel Kraft, die da im Verborgenen lauert? Was wohl bringt dieses geistige Pulverfass schließlich zum Explodieren? Bei aller Faszination: Seien Sie vorsichtig.

die sich mit solider Historie mischen. Hemma wurde zwischen 995 und 1000 n. Chr. geboren. Die frühe Jugend verbrachte sie am Hofe Kaiser Heinrichs II., mit dem sie verwandt war. Wie so oft also, wenn man die Geschichte der Heiligen des Mittelalters genauer ansieht: beste Herkunft, Hochadel, anwendbares Herrschaftswissen schon in die Wiege gelegt. Und damit

Ich halte es für sinnvoll, vor der Besichtigung des hochromanischen Dombauwerkes, vor der unentrinnbaren Faszination, die sich in dem von Fachleuten so titulierten »großartigsten Kryptenbau des deutschen Sprachraumes (!)« einstellt, erst zu fragen: Wer war, wer ist die heilige Hemma? Wie gestaltete sich deren Schicksal, das so offensichtlich »durch« die heilige Frau bis in unsere Tage hinein weiterwirkt?

Eine starke (Frauen-)Gestalt wie Hemma von Gurk bleibt natürlich von Sagen und Legenden umrankt, zugewachsen wie eine Efeuhecke mit Heiligengeschichten und gut zu hörenden Mären,

eben auch das Wissen um Kraftorte und deren Wirk-Macht. Nebenbei: Jeder Heilige weiß um die Macht des Ortes. Forschen Sie nach, an welchen Plätzen (Klöster, Quellen, Heilige Haine usw.) Heilige ihr heiliges Tun vollbracht haben. Oh ja: Religion hat immer ihren Ort.

Wir haben die seltsame Beklemmung im Klosterhof überwunden und treten »vor das Tor«. Hier, spätestens hier, findet der Kraftort-Pilger das, was er gesucht hat. Die fokussierende Kraft dieses »steinernen Prismenglases« packt den Ankommenden. Und wieder gilt: Der Ort nimmt einen mit. Aber – wohin?

»Der Haupteingang im Westen zwischen den beiden Türmen war ursprünglich offen. Die Vorhalle des Domes wurde 1337/38 durch eine gotische Füllmauer nach außen abgeschlossen. Ein spitzbogiges Torgewände erstreckt sich über die gesamte Höhe der Vorhalle. Zu beiden Seiten befindet sich je ein schlankes Fenster, das ebenfalls mit Maßwerkbahnen versehen ist. Seit 1931 sind an den Seiten des Portals auch wieder Reste des romanischen Bogengewändes (Säulen, Basen und Kapitelle) freigelegt …« (*Wikipedia*)

Und dann der Vorraum. Zusammen mit der Krypta stellt er den energetischen Höhepunkt des Besuches dar. Eine Rund-Tonne mit blauem Himmel empfängt Sie. Die Symbole und baulichen »Seelenfänger« wirken »durch sie hindurch«, ob Sie als Besucher das wollen oder nicht, ob Sie daran glauben oder nicht. Macht wirkt, auch ohne Ihr Wissen um die versteckten Zusammenhänge. Wir aber wollen wissen.

Die Innenausstattung des Doms ist langweilig prunkvoll und goldverliebt. Wesentlich interessanter: die Mauern, der Grundriss, die einbeschriebene Grund-Idee. Alles andere ist nachlesbar, so im Führer »Dom zu Gurk« von P. Waldemar Posch, und bildet Stoff für eher langweilige Führungen. Über den Dom ist aus Sicht der Kunst- und der Baugeschichte unendlich viel zu sagen. »Der Gurker Dom stellt eine romanische dreischiffige Pfeilerbasilika dar mit zwei westlichen Türmen, zwischen denen sich eine tonnengewölbte Portalvorhalle und darüber eine zweijochige kreuzgewölbte Empore (Bischofskapelle) befinden …« (S. 12 des erwähnten Führers).

Wie magisch zieht es uns in die legendäre Krypta, die 1174 unter dem Chor und dem Querhaus als erster Teil des Domes fertiggestellt worden ist. Sie misst 20 × 20 Meter und ragt 1,75 Meter aus dem Boden. Wenige Menschen waren da, die Krypta zugesperrt, der Zauberkeller der Seelen wies mich ab. Welche Enttäuschung vor dem schweren Eisengitter! Doch ich hatte Glück. Ich bekam den Schlüssel, und der Tag sollte zum unvergesslichen mentalen Erlebnis gerinnen. Feuchtigkeit, Erde. Halbdunkel. Das waren die ersten Eindrücke in dem Vielsäulensaal, der halb unter der Erde liegt. »Die Hemma-Quelle, an der westlichen Apsis zu finden, verläuft mit einer Wasserader direkt unter dem Sarkophag«, erklärte eine überaus freundliche junge Dame, die zugleich den wohlsortierten Domladen leitet.

Eine Entdeckung: Man kann beim anschließenden Rundgang außen an der vorderen Südseite, beim letzten Bodenfenster vor der Apsis, von der (zumeist gut gemähten) Wiese in die Hemma-Nische herabblicken, direkt auf das mysteriöse Grab der »Kärntner Landesmutter«, eben das Kult-Grab mit dem Durchschlupfstein. Man muss sich dazu hinknien oder sehr tief bücken, ist aber nun direkt auf der Wasserader positioniert. Das Durchkriechen unter der gesamten Länge des Sarkophages überlasse ich anderen. Hexen haben mir berichtet, man müsse sich dabei drehen, um durchzukommen – wie bei einer Geburt. Und der seltsam glubschäugige keltische Götze würde einen stets mit dem Blick verfolgen, egal wo man sich befinde. Das Hemma-Grab ist eine typische Frauenstelle, sehr, sehr erdend.

Kraftwerk Bodendorf/Sperre Paal

Auf der Urkraft des Wassers wandeln

»Wasser ist die mächtigste Kraft der Erde: In ihm offenbart Gott seine spielende Allmacht:

- Wassertropfen – Tau – Regen,
- Quelle – Bach – Strom – Meer,
- Nebel – Wolken – Gewitter,
- Hagel – Reif – Schnee – Eis.

Wandelbar in den Formen, unwandelbar im Wesen, ein überwältigendes Spiel.« (Hans Wallhof in: Jahrbuch St. Ottilien, 2013)

Es lohnt sich wirklich, wenn man auf dem Hin- oder Rückweg zu einem Ziel in Österreich nicht die »schnellsten« und touristisch populärsten Verbindungen wählt – zumeist Autobahnen mit »Pickerl«-(= Vignetten-)Pflicht und langen, auch berühmten Tunnelstrecken –, sondern irgendwann anhält und sich von ortskundigen Einheimischen »den Weg« empfehlen lässt. Und Österreicher sind immer gesonnen, wenn sie einem Bayern begegnen, zumal einem Münchner!

So gelangte ich auf dem Rückweg aus Kärnten, einem traumverloren schönen Schlangenpfad durch das Gebirge der nördlichen Gurktaler Alpen folgend, etwa in der Mitte zwischen Flattnitz und Stadl an der Mur (Unteres Murtal) zu einer Stelle, die mein Kraftort-Herz höher schlagen ließ: die Sperre Paal des Kraftwerks Bodendorf. Schon im Fahrzeug war die gewaltige und Leben spendende Energie der Natur spürbar: Urkraft

des Wassers – und dazu die enormen, berechneten und gebändigten Staukräfte, die sich an einer solchen »Sperre« sammeln. Eine »energetische Sperre«, gestaut-gebändigte Ur-Kraft, die nach Umsetzung drängt.

Energie? Wikipedia definiert: »Die Energie ist eine physikalische Größe, die in allen Teilgebieten der Physik sowie in der Technik, der Chemie, der Biologie und der Wirtschaft eine zentrale Rolle spielt. Ihre SI-Einheit ist das Joule. […] Der Gebrauch des Begriffs Energie geht auf die Philosophie des Aristoteles zurück. Unter dem altgriechischen ›Energie‹ im Sinne von ἐνέργεια ist innere Wirksamkeit bzw. Entschlossenheit zu verstehen.« Etwas vereinfacht, Energie ist die messbare (!) Fähigkeit, Arbeit zu verrichten. Hier die Fähigkeit des gestauten Wassers, Turbinen zur Stromgewinnung und damit Lebenssicherung anzutreiben. Transformation also, Wandlung: fast ein religiöses Gedankengut. Denn alles obliegt der Wandlung, so entsteht Leben.

Vielleicht sind Religion (denken Sie an die Wandlung beim Altargeschehen) und Schicksal ebenfalls Energie? »Energie-Politik«? Was für ein verräterischer Begriff!

Faszinierend im Umfeld der Sperre bei Paal ist das Erspüren kühnster Technik, die sich mit Mitteln der Statik und Berechnung der Natur entgegenstellt. Wie lange noch wird der Mensch

solches vermögen? Weltweit zeigt die Natur: Sie wird sich nicht alles gefallen lassen, sondern nur das hinnehmen, was mit ihr im Einklang steht. »Eine Staumauer und ihr Felsfundament bilden eine Einheit. Ausgehend von diesem allgemein anerkannten Grundsatz beruht jede Stabilitätsuntersuchung geplanter oder bestehender Staumauern auf einer sorgfältigen Beurteilung des anstehenden Felsens« (so der zusammenfassende Text auf der Website *www.baufachinformation.de* zu einer Doktorarbeit von Stefan Bergamin an der ETH Zürich).

Sie parken den Wagen an einem anheimelnden Ort mit beschaulicher Holzbank und Heiligenstatue, einem Ort der Ruhe, der dadurch wie ein Auge im Sturm den ruhigen Gegenpol zu der unheimlich dräuenden Naturgewalt auf dem Kamm der Staumauer bildet. Von Ihrem Standpunkt aus beschreibt die kühn geschwungene Betonmauer einen weiten Bogen, wirkt wie das gewaltige linke Segment eines riesigen in die Natur einbeschriebenen Kreises. Sie sehen und hören die Gewalt des Wassers, gewahren das Fließen und Rauschen.

Hier oben, zwischen Himmel und Erde, mischen sich verschiedenste spürbare Formen der Erdelemente. Hier können Sie jene Kräfte spüren lernen, die das Schicksal bedingen. Erdalte Flusskräfte werden fühlbar; ebenso die bedrohliche Blockade der Kräfte: Das Wasser wird ja bewusst gestaut, um durch Turbinen zu schießen und in nutzbaren Strom umgewandelt werden zu können. Umwandlung von Energie bedingt stets den Strom des Lebens.

Klagenfurt

Die Macht des Ur-Drachens: Was bewacht der Lindwurm?

Drückende Schwüle im Sommer? Eine Luft zum Schneiden? Das seltsam dräuende Gefühl, dass irgendetwas »in der Luft« liegt? So ist es auch. Stellen Sie sich vor: Viele Jahrhunderte vor Ihrer Zeit. Sumpflandschaft. Schwere der Erde. Ein Geruch von Lebendigkeit, von schwül-warmen Moder und von Verwesung zugleich füllt Ihre benommene Nase, steigt samt der Erdschwere ins Denken, macht Sie apathisch … so wie diese seltsame, stete Droge des Seins, die manchmal den Äther füllt. Das Flirren der feuchten Hitze in der Luft lässt alle Dinge des Daseins durch den heißen Flimmer-Filter er-scheinen. Dazu der unnachahmlich wabernde, volle Geruch der Erde. Und das Urwesen jener allgegenwärtigen Unterbewusstheit, die der Erde am nächsten ist. Ein mythologisch dumpf und urtief im Denken verankertes Erdgeschöpf, das in Höhlen und nebelschwadigen Sumpfgegenden haust und jeden Eindringling, sei er auch nur geistiger Art, mit seiner Energie heimsucht: der Drache.

»Das heutige Stadtgebiet von Klagenfurt befindet sich hauptsächlich auf Ablagerungen der Würmeiszeit im Bereich des ehemaligen Draugletschers, der einst das gesamte Klagenfurter Becken ausfüllte …« so Dieter Jandl in seinem Stadtführer »Klagenfurt«. Dann, nach dem Abschmelzen immenser Eismassen, hat die Glan einen gewaltigen »Schwemmfächer« aufgeschüttet,

der das heutige Klagenfurt trägt. Eben in dieser Würm-Wurm-Drachenzeit ist auch der Wörthersee entstanden, nicht wissend, dass er im 20. Jahrhundert nach Christus Treffpunkt einer selbst ernannten Spaß-und Geld-Gesellschaft werden würde. »Dieser (der Wörthersee) erstreckte sich noch vor etwa 4000 Jahren zirka 5 Kilometer weiter nach Osten und bildete durch Verlandung ein großes Moorgebiet …«

Erinnern Sie sich an den Beginn des Textes? Drückende Schwüle im Sommer? Eine Luft zum Schneiden? Das seltsam dräuende Gefühl, dass irgendetwas »in der Luft« liegt?

Die Früh-Geschichte von Klagenfurt führt in die archaische Zeit der keltischen Besiedelung und damit auch einer naturverbundenen, »erdigen«, vor allem sehr geerdeten Spiritualität. Man erkannte und schätzte die Kraft der Erde und war noch weit von dem Schuld-, Sünde- und Sühne-Denken einer Erlösungsreligion entfernt. Zwischen 4000 und 2000 vor (!) Christus sind erste Besiedlungsformen nachweisbar und durch aufregende Bodenfunde in Lendorf, Waidmannsdorf, Siebenhügel und Viktring auch gut zu belegen.

Sogar wenn Sie sich auf der Autobahn der heutigen Stadt Klagenfurt nähern: Die Fantasie bekommt Flügel, vielleicht ebensolche zackigen Schwingen, wie sie der sonst so erdgebundene

Drache von Klagenfurt besaß – oder noch immer besitzt?

Der Name »Klagen-Furt« (Chlagenuurt) sagt schon alles: Da war eine Furt, eine flache Stelle der Passage an der Glan, von Ufer zu Ufer für Kaufleute begehbar, und das Klagen kommt von den schwierigen Bedingungen und der drückenden Schwüle der Sumpflandschaft. Dieser typische, seltsam allgegenwärtige »Druck« auch auf die Seele ist heute noch spürbar. Noch einmal Jandl (S. 7): »Die Siedlung an der Furt ist das älteste Klagenfurt. Es wird zwischen Juni 1192 und 31. März 1199 erstmals urkundlich genannt …«

Kraftort-Religion: Immer wieder ist es faszinierend, wie unter der recht dünnen Schicht des Christentums, egal welcher Ausprägung, die mythologischen Ur-Wurzeln aufscheinen. Hier die Gewalt der Erde, die Urlebenswucht der Urmutter; aber auch das Vernichtende solch dampfiger Sumpfgegenden. Der Drache erscheint zunächst als böses Mischwesen (Mischwesen sind immer böse, denken Sie an den Basilisken!), als ein mit

zwei Füßen bekralltes Ungeheuer, mit Hunde- oder Wolfskopf, dazu einem schnabelnasigen Vogelkörper, ergänzt durch die dreifach geringelte Schlange und fledermauszackige Drachenflügel. Da der Drache die Furt bewachte, ist anzunehmen, dass die Passage alles andere war als angenehm oder ungefährlich!

Nach dem Fund eines Wollnashornschädels am Zollfeld nahm der geistige Drache sogar Anleihen bei der Realität. »Der Lindwurm ist meist zweibeinig mit dem Hinterteil eines Löwen, aber auch vier oder mehr Beine sind möglich. Der Lindwurm ähnelt einem Drachen und wird manchmal als Unterart bezeichnet, hat keine oder nur sehr kurze, stets fluguntaugliche Flügel und wird vor allem in alten germanischen Sagen erwähnt. Gewöhnlich hat ein Lindwurm einen sehr langen Schwanz und kurze Beine, teilweise wird er als menschenfressend beschrieben. Der ›Drache‹ Fafnir im Nibelungenlied ist ein Lindwurm …« (*Wikipedia*)

Ein Lindwurm also, nicht einfach nur ein Drache. Die heute bestaunbare, zugleich Furcht einflößende und erheiternde »manieristische Monumentalisierung« (Jandl) auf dem zentral gelegenen Neuen Platz stammt aus dem Jahre 1590. Das Ungeheuer hat jetzt immerhin vier Füße, ist siebeneinhalb Meter lang, und da das in statischer Ekstase verharrende Monster aus massivem Chloritschiefer des Steinbruches vom Kreuzberg geschaffen wurde, bringt es satte 9,1 Tonnen auf die Waage. Von wegen »Leichtigkeit des Seins«. Gut, dass einem solch ein Wesen nur in der Mythologie begegnet. Der Kämpfer ihm gegenüber hält auch gehörig Abstand, sodass der Wurm bös blickend klares Wasser in eine Gralsschale zwischen seinem Vogelkopf und dem keulenschwingenden Helden speien kann. Diese Drachengegner-Figur, eher an Herkules denn an Siegfried erinnernd, hält die Keule so, als wolle sie sich damit am Rücken kratzen. Ein gezielter Schlag scheint schon von der Distanz her unmöglich.

Alles Pose, alles Theater, alles Barock. Und überall die Drei-Zahl: Drei Stufen, drei Mauerringe, drei Schilder, drei Flügelsegmente. Und dreifach ist der Schlangenleib-Schwanz des verärgerten Drachen geringelt.

Verärgert? Gar sehr. Beleidigt schaut er, der Lindwurm, extrem sauer, verbittert, grantig und »betroffen«. Und bei allem erinnert er eher an den Bauhaus-Stil denn an die Barockzeit. Ist er ein Prophet, der den Betroffenheits-Kult der Nachkriegszeit im Blick voraussagt? Oder rührt der verärgerte Gestus fast jeder Drachen-Darstellung vom Unverstanden-Sein? »Ich bin's, der Drache, die Erde, das Weibliche. – Das Lebensprinzip schlechthin!«

Es lohnt sich sehr, »den Drachen« verstehen zu lernen. Ohne Keule, ohne Lanze. Ohne Religion und Dogma. Nur mit Liebe.

Heinrich-Harrer-Museum in Hüttenberg

Das »Unausgesprochene« zwischen Tibet, Berchtesgaden (!) und Kärnten

»Truth ist always stranger than Fiction …« (Die Wahrheit ist immer merkwürdiger als die Erfindung …), so lässt es der Prospekt erraten. Erraten? Was?

»Heinrich Harrer, der Forschungsreisende, Sportler, Bergsteiger und Geograph wurde am 6. Juli 1912 in Knappenberg geboren. Zu seinen großen Leistungen gehören unter anderem viele Erstbesteigungen und zahlreiche Expeditionen. […] Sein wohl berühmtestes Abenteuer erlebte Heinrich Harrer in Tibet, welches er auch im Buch ›Sieben Jahre in Tibet‹ festgehalten hat …«, so die Website des Museums, *huettenberg.at*. Das Museum bietet auf einer Fläche von 1000 Quadratmeter über 5000 faszinierende Ausstellungsstücke: Reisen, Tibet, dazu unendlich viel »zwischen den Zeilen«. In der Tibetabteilung im zweiten Stock wartet ein buddhistischer Gebetsraum, der im Jahre 1992 von »seiner Heiligkeit, dem XIV. Dalai Lama, persönlich geweiht wurde …« Die hier vorherrschende Energieform nimmt auf sehr eigenartige Weise gefangen. An der steilen Felswand der Lingkor, ein tibetischer Pilgerpfad mit Symbolen und Objekten des tibetischen Buddhismus. Nur für Schwindelfreie, das ist sowohl im seelischen als auch (und vor allem!) im körperlichen Sinne zu verstehen! Im Sommer 2012 war der Gebetspfad wegen Steinschlag-Gefahr gesperrt …

Auf den Spuren des Magiers Harrer wird in den Räumen des Museums die enge Beziehung zum Dalai Lama beleuchtet und werden unausgesprochene okkulte Wurzeln der deutschen Vergangenheit vor Ort reflektiert. Wir entdecken die Swastika und tangieren das okkult-schwarzmagische Gebiet der »Gelbmützen«. Das Unausgesprochene: Warum hatten Herrschende und Wissende der okkult-schwarzmagischen deutschen Vergangenheit so ausgesprochen großes Interesse an magischen Orten? Warum die gezielten und damals schon sehr aufwendigen Expeditionen nach Tibet? Und welchem Aspekt der Spiritualität dieses Hochlandes galt die Aufmerksamkeit? Warum fanden Expeditionen statt, und warum wurde ein geistiger Kontakt installiert, der anhält … eben bis zur Gegenwart? Und weit darüber hinaus.

»Ein SS-Kommando mit Geheimauftrag im Himalaja? Was schwer nach Hollywood klingt, gab es tatsächlich. SS-Chef Heinrich Himmler schickte 1938 eine NS-Expedition nach Tibet – die Rasseforscher sollten bei dem Bergvolk nach den ›Ur-Ariern‹ suchen.« Zu finden ist dieser Text bei *Spiegel.de*. Und weiter: »Den Oberkörper zur traditionellen Begrüßung gebeugt, in den Händen einen buddhistischen Gebetsschal – und auf dem Kopf einen Tropenhelm mit SS-Runen: So posierten deutsche Rasseforscher 1938 bei

einer NS-Expedition ins bis dahin weitgehend unerforschte Tibet. Auf dem Dach der Welt sollte die Truppe aus Nazi-Deutschland Beweise für die Herkunft der arischen Rasse finden.«

Ansonsten ist die krude Beziehung der damaligen Machthaber zu Tibet, sind all die Sehnsüchte und Wünsche und der abartige Rassegedanke zu komplex, um an dieser Stelle weiter dargelegt zu werden. Doch lohnt es sich, über die Sensibilität gegenüber besonderen Orten nachzudenken. Da

öffnen sich für den, der sehen kann, Welten. Man muss sich schon die Mühe machen, in der zum Teil schwer zugänglichen Literatur Hintergründe des damaligen und heutigen »Tibetischer Buddhismus«-Booms zu finden. Und bald scheint hinter dem Lächeln des Lama eine ganz andere Welt auf. »Mönchischer Terror auf dem Dach der Welt. Teil 1: Die Begeisterung für den Dalai Lama und den tibetischen Buddhismus.« So ist ein Internet-Artikel von Colin Goldner, Autor der kritischen Biografie »Dalai Lama: Fall eines Gott-königs«, zu diesem Thema betitelt. »Zwischen drei- und fünfhunderttausend Anhänger soll der Buddhismus seit Anfang der 1990er Jahre allein im deutschsprachigen Raum gefunden haben. Vor allem in ihrer tibetischen Variante scheint die ›Lehre des Buddha‹ dem aktuellen Zeitgeist sehr zu entsprechen: Die Zahl der Sympathisanten für den sogenannten Vajrayana-Buddhismus, als dessen Oberhaupt der Dalai Lama firmiert, geht in die Millionen. Wesentlicher Grund hierfür ist die Dauerpräsenz ›Seiner Heiligkeit‹ in den Boulevard- und Yellow-Press-Medien, über die das Interesse an ›östlicher Spiritualität‹ bedient und ständig erweitert wird …«

Der aufrüttelnde Artikel weist darauf hin, dass vor allem in der (gegenwärtigen) esoterischen Psycho-Szene der »tibetische Buddhismus« als willkommene Heilslehre ohne jeden Ansatz einer kritischen Hinterfragung konsumiert wird. Und weiter (nehmen Sie es wenigstens als Denkanstoß): unter »Kollektiver Wahn« nun einiges über die »Gelbmützen-Sekte« (wo im Harrer-Museum zu finden?) und eine Überschrift »Merkwürdige Freunde« (des Dalai Lama).

Das aber sollten Sie lieber selbst nachlesen!

Petersfriedhof in Salzburg

Der Ort nimmt einen mit … zum Gral?

Die von mir genannten, zum Besuch oder zum Selbst-Entdecken empfohlenen »magischen Orte« scheinen die Zeit festzuhalten. Festgehaltene Zeit? Typisch für Kraftorte! Eines der bekanntesten Beispiele dafür ist der Untersberg zwischen Salzburg und Berchtesgaden. In der Vollmond-Nacht des 27. Dezember 2012, also in der raunächtigen Zeit zwischen den Jahren, konnte ich mich in Begleitung einer gut gelaunten Hexe von der Abstrahlung des wohl magischsten Bergmassives der Welt von diesem übersinnlichen Natur-Phänomen überzeugen. Rund um den Untersberg ist alles anders als anderswo; die Zeit und deren »Ablauf« gehorchen gar seltsamen Gesetzen, die hier und nur hier gelten: Der Untersberg bedeutet »gefrorene Zeit«. Gefrieren ist stets Verlangsamung. Beobachten Sie als Kraftort- und Naturfreund die Honigsirup-träge Bewegung eines fließenden Gewässers an einem eiskalten Wintertag.

Welches Wissen um die Zeit ist im Untersberg-Massiv eingefroren? Dieser Magier unter den Bergmassiven der Welt, er lässt die Augenblicke des Betrachters zur Ewigkeit (Zu Ewigkeiten gar? Zu ewigen Stillständen?) gerinnen.

»Der Augenblick ist mein, und nehm ich den in Acht,

so ist der mein, der Zeit und Ewigkeit gemacht …« (Andreas Gryphius).

Aber vor diesem überwältigenden Zeit-Erlebnis angesichts des Untersberg-Massives auf der nächtlichen Rückfahrt zurück von Salzburg nach München durfte ich Salzburg, das mir durch mehrere Beschreibungen so vertraut schien, auf aufregend-hexische Weise neu entdecken: Domplatz, geheime Wasseradern, die Mühle unterhalb des Domberges und des Stigl-Kellers mit dem oberschlächtigen Mühlrad und Salzburgs ältester Bäckerei, die Mönchsberg-Stiege … aber vor allem: der Friedhof der Peterskirche (siehe auch »Wunderwege in Bayern«).

»Du weißt schon alles?«, lachte die Hexe, »dann komm mit und schau!« Wir standen vor dem Eingang zu den bekannt-berühmt-berüchtigten Katakomben und besuchten die in Fels gehauenen Grab- und Kultkammern. Wikipedia darüber: »Am Rand des Petersfriedhofs befinden sich erhöht die ›Katakomben‹, die in den Festungsberg gehauen wurden. Sie sind höchstwahrscheinlich spätantik-frühchristlichen Ursprungs und dienten trotz ihres Namens nicht als Begräbnisstätten, sondern wohl als frühchristliche Versammlungsorte. […] Die Katakomben sind rechts der Gruftarkaden durch die Commungruft zugänglich, von der aus eine Treppe zu den zwei Katakombenkapellen hinaufführt, die einst als Höhlenbauten aus dem Berg herausgearbeitet worden waren …«

Draußen aber, wieder auf dem Friedhof, war »die Kraft« um ein Vielfaches stärker. Wohlgemerkt draußen, nicht drinnen. Nicht umsonst stehen Propheten zumeist »vor dem Tor«, nicht drinnen in der Stadt. Bleiben Sie lieber draußen, möglichst oft! So seltsam das klingen mag. Es gilt vor allem für alte, oft auch berühmte »Kraftort«-Kirchen, für Kathedralen und Dome. Die wirkliche Kraft ist außerhalb der Mauern. Absicht? Oder hat sich das Erdmagnetfeld verschoben? Denn die Erdachse wackelt beträchtlich, nicht zuletzt wegen der den gesamten Kosmos verärgernden Natur- und Atomfrevel des Menschen!

Mit derartigen Gedanken aus den Salzburger Felsendom-Gängen und in Stein gehauenen Kapellen kommend, stehen Sie urplötzlich vor einem besonderen Grab an der Ecke der Kirchenwand direkt gegenüber der Katakomben-Felswand; einer auffallend repräsentativen Grabstätte,

deren Steinplatten (bitte an der angedeuteten Stelle selbst suchen, lieber neugieriger Leser!) eindeutig Dreieck, Senkblei, Mauer-Kelle und gekreuzte Oberschenkel-Knochen zeigen. Für den Wissenden ist noch viel mehr zu sehen und zu lesen: Handelt es sich doch um einen Dahingegangenen im Meistergrad. An dieser Stelle, beim »Grab des Meisters«, gewährt der Petersfriedhof auch eine Art Abstieg, wenige Treppen nur, und Sie befinden sich auf derselben Höhe wie die Bestatteten, nennen wir diesen seltsamen Gang einfach einmal »Tiefgang«. Dort, das Grab mit der Hexe. Auf der stehenden Steinplatte in Lebensgröße eine Frau: ganz Gerippe, von Seilen (Schlangen?) umschlungen, dazu drei Kröten, noch dazu am rechten Fuß, im Bauch, in der Luft. Die Kröte steht allerdings für die Erdmutter, für Fülle (vulgär »gib mir die Kröten« statt »gib mir das Geld«). Die Kröte symbolisiert Fruchtbarkeit, auch Zauberei, Humor und Hexentum.

Die Begleit-Hexe war begeistert. Unzählige Fotos entstanden.

»Schau, wie sie lacht!«

»Jeder Totenschädel lacht.«

»Ach, du.«

Und wir haben uns »unendlich viel« Zeit genommen auf diesem Friedhof. Erst später entstand das Wissen, dass wir während eines sonnendurchfluteten Dezembertages in Salzburg an der Ewigkeit Anteil hatten: Nimm dir Zeit! So unglaublich das klingen mag, wer »sich Zeit nimmt«, der hat Anteil an der Ewigkeit. Denn die Ewigkeit ist immer, also auch jetzt, hier, da, gleich …!

Mozartsteg in Salzburg

Los-Lassen, fließen lassen – Entschlackung des Denkens

Zugegeben: Kein »magischer Ort in Österreich« hat mich im Laufe der Jahrzehnte so sehr angezogen und inspiriert wie die Brücken in Salzburg. Das hat natürlich den Hauptgrund in dieser magischen, verzauberten Stadt der Transzendenz. »Rösser steigen aus den Brunnen«, der Satz des genialen Dichters, er gilt nicht nur auf dem Domplatz monumental in Marmor gehauen, sondern im übertragenen Sinne – überall. Handelt es sich doch dabei um das dem Poeten vorbehaltene Ross der Inspiration, der Eingebung und schöpferischen Imagination; jenes »Zugpferd«, das aus den Urwassern des Abgrundes unserer kollektiven Psyche unaufhaltsam kraftvoll nach oben strebt, hin(auf) zum Licht? Welches Licht übrigens? Erkenntnis gar? Gnosis? Hinter dem allgegenwärtigen Schau-Katholizismus der Salzach-Stadt warten wahre Abgründe.

Sie stehen auf dem Mozartsteg, lassen sich weder von der Architektur noch von den Touristen-Strömen ablenken und sehen – alles. Das fließende Wasser, die Altstadt mit den berühmten Gebäuden und Kirchen, die hochherrliche Feste, wie diese zumindest geistig »über allem« thront. 199 Meter hoch ist der Dolomitstock, der diese raumgreifende Burg trägt, sodass sie im Laufe wild bewegter sechs Jahrhunderte eine der größten und wirkmächtigsten Befestigungslagen Mitteleuropas werden konnte.

Sie stehen auf der Brücke, sehen … Bilder … Bilderfolgen … und auf einmal sehen Sie sich selbst. Wer bin ich? Was hat mich hierher geführt? Das Los-Lassen lässt Sie nicht mehr los. Was wird nicht alles geschrieben und behauptet über »Abnehmen«, »Fasten«, »Entschlacken«, »Loslassen« … Loslassen ist längst kein Begriff modischer Spiritualität mehr, sondern bittere Notwendigkeit geworden. Finanz-Krise? Nichts anderes als erzwungenes Loslassen materieller Werte. Eigentlich (die Gedanken fließen hier auf dem Mozartsteg in seltsamer Rasanz und Ungebundenheit) ist solch ein Loslassen nur eine kleine Vorübung für das ganz große Loslassen, das uns allen bevorsteht. Das Sterben. »Solch totales Loslassen muss bereits im Leben geübt werden und läuft letztlich darauf hinaus, die Verirrung in der Zeit loszuwerden, um ganz im Augenblick des Hier und Jetzt anzukommen.« (Ruediger Dahlke)

Lassen Sie vor allem all das los, was hemmt, aufhält, bremst oder gar nach unten zieht. Das kann sogar eine »liebe Gewohnheit« sein. Süchte müssen Sie loslassen, sonst wird Ihr Lebens-Fluss deutlich verbaut.

Schauen Sie auf den Fluss, folgen Sie im Geiste den Wellen … Eine Brücke hat immer »zwei Seiten«. So wie das Leben. Wählen Sie die richtige Seite.

Wasserschloss Aistersheim

Aufregende Ästhetik des Untergangs

»Das Wasser hat einen kleinen Kopf …«, das sagen alle, die sich »am Bau« auskennen und um die verheerende Wirkung des eindringenden Wassers wissen. Ein magischer Ort in Österreich der ganz besonderen Art (des Unterganges nämlich!): So etwas erfrischend Morbides bietet das Wasserschloss von Aistersheim.

Der Weg führte mich vom niederbayerischen Bad Birnbach über Schärding auf die Autobahn nach Linz, denn intuitiv nahm ich die Ausfahrt Richtung Wels. Herrliche Einkehr in einem der Landzeit-Gasthöfe (hervorragendes Essen, saubere Toiletten umsonst, immer freundliches Personal), dann zu Fuß bis zu dem Zauberort Aistersheim. Neugierig gemacht hatte mich eine Tafel mit historischer Beschreibung im Landzeit-Hotel, der sehr spannende Fakten zu entnehmen waren: Das Wasserschloss, etwa zwölf Kilometer südwestlich von Grieskirchen, steht auf eichenen Pfählen, es ist erbaut nach Art der vorzeitlich-keltischen Pfahlbauten. Zu den Besonderheiten gehören die umfangreiche Bibliothek, der Rittersaal und der Schlosspark. Weiter: Im Jahre 1771 sei das Schloss, so wie es jetzt (verfallen!) dasteht, nach einem verheerenden Brand erbaut worden. Den Hinweis auf einen magischen Ort der Heilung liefert zudem das nachgedruckte Plakat in der Retro-Ästhetik einer längst vergangenen Zeit: »Dr. Glettler's behördlich concessionierte Kalt-wasser-Heilanstalt Aistersheim in Oberösterreich – das österreichische Wörishofen«.

Wahrhaft, der Spaziergang über weit geschwungene Schneehügel-Landschaften hat sich gelohnt. Die Geschichte, beschrieben bei Wikipedia, verrät noch wenig über die Orts-Energie von Macht, Rückzug, Verfall: »Urkundlich erwähnt wird das Wasserschloss erstmals 1159 mit Dietmar von Aistersheim, einem Ministerialen der steirischen Otakare. Die damalige Burg blieb bis 1426, als Heinrich von Aistersheim als letzter seines Stammes starb, im Besitz der Herren von Aistersheim. Ihre Mitglieder nannten sich auch Herren von Aist …«

Aufregend wogt hier die Brandung der Geschichte seit dem hohen Mittelalter; besonders die Glaubenskriege und Tillys bayerische Truppen haben dem Bau und der Energie des Ortes arg zugesetzt. Von einmalig seltsamem Reiz, einer Mischung aus Lockung, Abstoßung, vor allem aber Neugierde, präsentiert sich die Ortsenergie. Und eine Umrundung zu Fuß bleibt für den Kraftortfreund unerlässlich. Das vermeintliche Quadrat des Grundrisses entpuppt sich dabei als Rechteck, die extrem vorspringenden, gedrungenen Rundtürme mit den Kegeldächern scheinen die Energien der vier Elemente Luft, Wasser, Feuer, Erde (beginnend im Südwesten) in sich zu tragen.

Ich habe das Wasserschloss an einem schnee-kalten Tag im Februar aufgesucht. Wir haben uns vom Ort her genähert, treten also von der Nord-seite auf den verwunschenen Bau zu – und er-schrecken fast, als sich der »Tiefpunkt« (Wasser-schlösser liegen immer tief, ihnen fehlt jedweder Überblick) inmitten eines eher schwarzmagisch wirkenden, leicht zugänglichen Gartens auftut. Die Mauern sind fast zweieinhalb Meter (!) dick – und wirken auch so. Abweisend. Wenn nicht gar abstoßend. Da wir den Teichsee, in dessen Mitte

das Wasserschloss steht, an jenem kalten Febru-artag zugefroren und mit einer dicken Schnee-decke versehen vorfinden, wirkt der Bau noch abgeschiedener.

Im Frühling, Sommer und Herbst allerdings spiegelt sich die vom Schwamm befallene Ritter-burg im ruhigen dunklen Spiegel des Altwassers: wie oben, so unten. Vom Wasser der Jahrhun-derte zeigt sich der Trutzbau von unten her un-rettbar angefressen. Die Uhr des Glockenturmes über dem Nordtor, nur über eine Holzbrücke

zugänglich und aus dem 13. Jahrhundert stammend, weist den fühlenden Entschlüssler der Symbolsprache auf den hier im Verborgenen saugenden Raum-Zeit-Tunnel: eine morbide Geschichtsschleuse, die hier ihr Werk tut und nur rückwärts wirkt. Ohne Wiederkehr? Man nähert sich nur vorsichtig und auch sehr zurückhaltend.

Bei der Umrundung der Anlage zu Fuß entstehen in der Gralsschale des Gehirns Gedanken, die sonst nicht möglich wären. Dann, auf der Südseite, ein alter verfallener Garten, eine Orangerie und die selbst im Winter aktive Wasserfontäne. Eine magische Allee führt direkt vom Tor des Schlosses über die Holzbohlenbrücke nach Süden. Was bewachen die gusseisernen Löwenköpfe des Südtores, die als Türklopfer dienen?

Der Schlossherr erscheint am Tor, sichtlich nicht von dieser Welt. Er nennt nur den Namen des Schlosses »Aistersheim« und bleibt in Wort und Gestik erkennbar abweisend. Oder er hat Angst: Ein Geheimnis könne offenbar werden? Und das gibt es, dieses Geheimnis. Denn der Wuchs der Bäume, vor allem im Südwesten, weist die typisch verzwirbelte, gar Ringe bildende Verwachsung der Äste auf. Das ganze Areal ist eine sogenannte Störzone, ein morphogenetisches Feld des Vergangenen – eben mit jener lockenden Ästhetik des Niederganges. Die Zeit löst hier alles auf, so wie der Teich die Mauern über und unter dem Wasserspiegel – auflöst. Und in dieser Auflösung steckt für den, der die Welt »erkennt«, das neue Werden.

Das Werden einer Zeit allerdings, deren Schlösser, Burgen und Schatzkammern unsichtbar angelegt sind, aber wirkungsvoll. Und wo …? Im Kopf.

Furthmühle Pram

Geschichte dreht sich wie ein Mühlenrad

»Der Bauer und der Müller
Sind die ersten auf der Welt.
Ach, wie traurig wär's,
wenn von beiden einer fehlt.«

So beginnt in der liebevoll gemachten Schrift
»Museum Furthmühle Pram« eine Einführung
zum Zer-Mahlen des Korns – und vielleicht nicht
nur des Korns. Wobei ungewollt der spirituelle,
weltanschauliche, gar philosophische Aspekt des
Zwischen-die-Mühlsteine-Geratens anklingt:
»Die Mehlgewinnung war schon den ältesten
Völkern bekannt. Dazu genügten zwei Steine; der
obere, bewegliche, ›Läufer‹ genannt, drehte sich

auf dem unteren, dem feststehenden ›Boden-stein‹ …« (S. 8). Und schon sind wir beim Herr-schaftswissen. Ein Wunder, dass in unserer Zeit des »Coaching« noch keine Seminare für Füh-rungskräfte oder Strategen der öffentlichen Mei-nung in alten Mühlen abgehalten werden.

Und dann der magische Ort: Natürlich liegt jede Radmühle am bewegten Wasser, ist somit Teil nicht nur des Wasser-, sondern des Welten-laufes. Denn Wasser ist viel mehr als nur An-schub-Mittel, Transportgut, Energiefaktor. Das Leben selbst wird hier in drehende Bewegung versetzt, »in Gang gebracht«.

Der Ort nimmt einen mit. Das sehen und spü-ren Sie sofort, wenn Sie vor dem alten Mühlhaus stehen. Sie betreten den liebevoll wiederherge-stellten Bau des Mühlenmuseums durch den Haupteingang, eine alte hölzerne Tür, zu der vier Stufen führen. Im Inneren des mit großem Enga-gement restaurierten Müh-len-Hauses, in dem extrem wechselhafte Energien spür-bar sind, führt ein hölzerner geschlossener Steg über den Mühlrad-Graben, die soge-nannte Rad-Grube. Das ist jene für eine wassergetrie-bene Mühle unerlässliche Trasse, in der das monu-mentale Holzrad sich dreht und arbeitet. Es gelingt, in-dem das oberschlächtige Rad das von oben auf die Schaufelwannen strömende

Wasser aufnimmt. So kommt zur Fließenergie des Wassers auch noch die Schwerkraft.

Die Ortsenergie ist hier im unmittelbaren Um-feld des Rades deutlich am stärksten. Verharren Sie auf dem Steg und blicken Sie meditierend auf das im Winter stillstehende, vielleicht mit Eis-zapfen versehene Rad über der Grube. Mühlen haben eine ganz typische und unnachahmliche Energie. Hier in der unmittelbaren Umgebung von Pramerdorf bis Pram arbeiteten dereinst neun Mühlen auf einer Länge von nur viereinhalb Kilometern. Die Museums-Schrift betont, dass diese Häufung nur möglich war, weil das Gefälle auf der doch kurzen Strecke mit 69 Metern recht hoch ist. Blicken Sie auf das Rad. Ob es stillsteht oder arbeitet: Sie begreifen das Leben, den Dreh-kreis der Zeiten, die Ewigkeit.

Über Passau, Schärding, Richtung Wels ist Pram gut erreichbar oder ab München über Brau-nau. Von Salzburg aus Rich-tung Ried, Passau.

»Das Müllerleben hat Gott gegeben,

aber das Mahlen in der Nacht

hat der Teufel aufge-bracht.«

Und wenn Sie schon in die magische Gegend kom-men: Die »Pramtaler Muse-umsstraße« verbindet se-henswerte Kraftorte und magische Museen … siehe folgender Text.

Pramtaler Museumsstraße

Wer bewusst Wege geht, ändert sich

Jeder Freund magischer Orte gelangt irgendwann zur Einweihung, oft ohne es zu wissen oder nur zu ahnen. Doch plötzlich ändern sich die Welt und die Weltensicht und vor allem der Umgang mit Menschen. Kurz: Alles wird besser. Sie sind gesünder, erfolgreicher, vor allem von stillem innerem Glück erfüllt. Die Erleuchtung kommt niemals krachend, mit Posaunenchor, Paukenwirbel oder gar einem gleißenden Lichterlebnis. Sie ist schleichend, übergangslos, diskret, scheu, ja heimlich. Eigenartig, dass keiner auf das Bild-hafte Wort achtet, denn eine wegweisende Leuchte (»Erleuchtung«) ist kein gleißender Scheinwerfer oder ein Flutlichtmast. Ohne es zu wissen, wissen Sie mehr. Dazu gehört die Erkenntnis, dass die Suche nach dem »Ort« untrennbar mit dem Unterwegs-Sein verknüpft ist.

Beginnen Sie (dies ist immer mein persönlicher »Ideal-Opener« für Österreich!) mit einem besonders seelengreifenden magischen Ort im niederbayerischen Rottal: die Hügelgräber bei Bad Birnbach, jene Keltenkult-selige Aunhamer Nekropole. Neben der Nekropole von Mühltal (Nähe Starnberg, Oberbayern) eine aufregende Parallele zu den unglaublichen »Hallstatt-Funden« in der Umgegend von Hallein (Salzburger Land), die im Keltenmuseum erlebbar sind (siehe dort). »Mit dem Halleiner Dürrnberg verfügt Salzburg wohl über das größte und wahrschein-

lich bedeutendste keltische Gräberfeld in Europa. Die Bedeutung des Dürrnbergs wird auch durch die Gründung eines eigenen Forschungszentrums unterstrichen ...« *(www.salzburg.gv.at)*

Dann anschließend, da sich am 23. Februar des Jahres 2013 der 150-jährige Geburtstag des Maler-Magiers Franz von Stuck feiern ließ: das Stuck-Museum von Tettenweis. Aunham und Tettenweis, korrespondierend mit der Stuck-Villa in München, und – eine Klasse höher noch – die Secession in Wien und der magisch-spirituelle Jugendstil-Ästhetizismus von Gustav Klimt. Diese Weihe-Stätten der darstellenden Kunst sind bereits in anderen Kraftort-Büchern beschrieben, es soll keine Wiederholung stattfinden.

Der deutsche Teil des Einweihungsweges »Museumsstraße« sei nur als »Anlauf« für Oberösterreich gedacht: Wir überqueren die Grenze bei Schärding und würdigen dabei das Stadtmuseum Heimathaus mit einem Besuch. Magie des Ortes und Magie des Terrains: Mit der »Grenzüberschreitung« wechselt die Energie für den Fühlenden. Obwohl die Landschaften Niederbayerns und Oberösterreichs recht ähnlich sind: Die Stimmung ist anders im Land mit dem Doppeladler und den magischen Farben Rot-Weiß-Rot. Liberaler?

Wir nähern uns, über Taufkirchen a. d. Pram, dann Andorf, Zell und Riedau dem magischen

Ort Pram, nicht ohne Schloss Zell an der Pram auszulassen. Ein Muss: das bereits beschriebene Freilichtmuseum Furthmühle. Möchten Sie noch mehr sehen? Das Schloss Starhemberg in Haag – und als energetischen Höhepunkt: das schon erwähnte Wasserschloss Aistersheim mit der dort einmaligen, sich unvergesslich in Geist und Seele brennenden, lockenden Magie des Verfalls.

Magische Orte, in Österreich und überall, sind ebenso magische Wege. Der Weg ist das Leben selbst, und Jesus sagt nicht umsonst, er sei Weg, Wahrheit, Leben. Wer den Weg geht, lebt. – Und denkt. Denn auch Gedanken folgen Wegen (siehe unter Neuro-Geomantie). Wer bewusst Wege geht (wie hier den Weg der Museen, Mühlen, Schlösser), der ändert sich! Und wer sich ändert, der lebt. Siehe nächstes Kapitel.

Wege in Österreich

Wenn man »es« spürt, war der Weg richtig

Leben und gehen in Österreich. Wie in kaum einem anderen europäischen Land bietet sich dem Besucher hier eine große Vielfalt und schnelle Abwechslung zwischen Berg und Tal, Wasser, Luft – und Geist. »In Österreich gibt es mehr als 100 regionale und überregionale Weitwanderwege unterschiedlicher Länge. Zehn davon werden als die ›großen österreichischen Weitwanderwege‹ 01 bis 10 bezeichnet. Sie durchqueren die österreichischen Alpen und Voralpen, aber auch die Gebiete nördlich der Donau und zum Neusiedler See hin. Alle führen zumindest teilweise durch alpines oder hochalpines Gelände. Manche von ihnen sind auch Teil eines Europäischen Fernwanderweges …« (*Wikipedia:* Wanderwege Österreich)

Die zehn großen österreichischen Weitwanderwege sind:

* Weg 01: Nordalpenweg
* Weg 02: Zentralalpenweg
* Weg 03: Südalpenweg
* Weg 04: Voralpenweg
* Weg 05: Nord-Süd-Weg
* Weg 06: Mariazeller Wege
* Weg 07: Ostösterreichischer Grenzlandweg
* Weg 08: Eisenwurzenweg
* Weg 09: Salzsteigweg
* Weg 10: Rupertiweg

Weitere wichtige Wege:

* Arnoweg
* Adlerweg
* Donausteig
* Lechweg
* Welterbesteig Wachau
* Jakobsweg

Nähere Infos beim Österreichischen Alpenverein, Sektion Weitwanderer. Der Jakobsweg in Österreich alleine und dessen Hintergründe würden mehrere Bücher füllen.

»Wer nicht nur gehen, sondern auch noch in sich gehen möchte …«, so beginnt ein kluger Text der Donau Tourismus GmbH, der im Internet den »Jakobsweg Wachau« anpreist. »Vom Ausgangspunkt Stift Göttweig führt der Pilgerweg in seiner ersten Etappe rund 24 km über Mautern nach Maria Langegg. Von Maria Langegg über Schloss Wolfstein nach Stift Melk ist eine Wegstrecke durch den Dunkelsteiner Wald von etwa 20 km zurückzulegen. Ein meditatives Naturerlebnis zum Krafttanken …«

Dabei ruft die bald schon peinliche All-Gegenwärtigkeit des Jakobischen Wegesystems, seit der »Camino« in den 1980er-Jahren stets zunehmend an Popularität gewann, irgendwann Schmunzeln hervor. Was alles ist »Jakobsweg«? Denn jeder Weg führt, wo immer er beginnen mag, irgendwohin und damit irgendwann zu einem vorgegebenen oder auch zufälligen Ziel. »Alle Wege führen nach Rom«, weiß schon das Sprichwort. 44 Kilometer, vier mal elf! Die Touristische Information meint, der Weg wäre in etwa zwölf Stunden zu bewältigen. Genießen Sie vor allem die Bildersprache des Weges. Nehmen Sie jedes auftauchende, sich durch die Bewegung ergebende Bild als gottgewollt: Was will es Ihnen sagen? Ja, genau Ihnen, hier und jetzt!

Wege haben bekanntermaßen Wegabschnitte, die sich unbegrenzt einteilen lassen

selbst ist ein Weg. Mit Anfang und Ende. Und mit einem Neuanfang?

Die Meditations-»wege« und Assoziationsketten zum Thema »Weg« sind so weit, vielfältig, verzweigt, irreführend, hinführend, umwegig – wie Wege selbst: Da ist der Berufsweg, Gesundungsweg, Abweg, Rückweg, Irrweg, der Umweg und Wanderweg, der verbotene lockende, der gebotene, vielleicht langweiligere Weg; der breite Weg und der schmale, der Weg zur Arbeit und der Heimweg, der öffentliche und der private Weg …

und aufteilen. So soll diese hehre Aufzählung von Wegen in Österreich nicht abschrecken, sondern vielmehr ermuntern, Teilabschnitte zu ergehen – und dann mehr zu wollen. Der Weg ist untrennbar mit dem Leben verbunden, denn das Leben und eben der Wanderweg in Österreich. Hier ist jeder Weg ein Heimweg, denn der Freund magischer Orte ist überall »daheim«, wenn er »es« spürt. Was? Die Kraft des Ortes. Dann war der Weg richtig.

Auf der Donau durch die Wachau

Der unvergleichliche »Wasserweg«

Wasser ist das Grundsymbol des Lebens. Und der Strom des Wassers ist mit »Leben« fast identisch. Sind doch die Übergänge »fließend«. Der Wasserweg, das stille Dahingleiten auf dem Donaustrom, bietet einfach alles, was die vier (fünf?) Elemente an Energieformen der geschaffenen und gedachten Welt bieten. Das sind:

- Feuer der hellen Sonne,
- reine Luft als belebender Wind,
- Erde als vorbeiziehendes Ufer, das den Wasserweg vor-zeichnet und begrenzt,
- und natürlich das bewegte Wasser des geschichts- und mythenbildenden Stromes durch Österreich; dazu
- Äther, jene unaussprechliche »in der Luft« liegende Grundstimmung, die Ihre Seele zum Vibrieren bringt.

Wachau-Bilder leben nicht von der Statik, sondern von der Bewegung, sie sind damit der fünften Dimension recht nahe. Betrachten Sie einmal einen Baum oder stellen Sie sich eine kräftige Buche lebhaft vor (es darf auch eine Linde oder Birke sein): Sie erfassen drei Dimensionen. Kommt die Bewegung dazu, etwa durch das Umrunden des Baumes, dann »sehen« Sie vierdimensional. Bewegung ist nun dabei, das »geht« nur mit realer Bewegung, mit geistiger Bewegung bei viel Vorstellungskraft, Imaginationsgabe; oder eben auf Picasso-Bildern. Der bekannte Künstler, weit seiner Denk-Zeit voraus, hat sich schon in frühen Phasen des Themas angenommen.

»Als Bewegung im physikalischen Sinne versteht man die Änderung des Ortes eines Beobachtungsobjektes mit der Zeit. Die zwei Fachgebiete der Physik, die sich als Bewegungslehre mit der Bewegung befassen, sind:

- die Dynamik als Kräftelehre der Bewegung
- die Kinematik als Bewegungslehre ohne Ursachenbetrachtung der Kräfte.« (*Wikipedia*)

Ein Strom wie die Donau bietet sich geradezu an, multiple Dimensionen zu transzendieren. Die ständig sich ändernde Bilder-Sprache der Landschaft erzeugt wesentlich mehr Beziehung zu Zeit und Bewegung, als eine Meeresreise mit gleichbleibendem Rundum-Blick dies jemals vermöchte. Und: Die Wachau führt von dem einen geomantischen Höhepunkt zum nächsten. »Weltkulturerbe und Wohlfühllandschaft – das ist die Wachau, das enge Donautal zwischen Melk und Krems. Auf 1400 Hektar, teils auf steilen Terrassen, stehen hauptsächlich Grüner Veltliner und Riesling. Die Weinkategorien Steinfeder, Federspiel und Smaragd stehen für die Naturbelassenheit der Wachauer Weine …« (Website »Weinstraße Niederösterreich«, Unterseite Wachau *www.weinstrassen.com*)

Stift Melk

Ein Kraftort, der die Entfernung braucht, um einem »nahezukommen«

»Das Benediktinerkloster Stift Melk liegt in Niederösterreich bei der Stadt Melk am rechten Ufer der Donau …«, so beginnt recht lakonisch die Internet-Seite über das Wahrzeichen der Wachau und zugleich mehr als »sehens«-werte UNESCO-Weltkulturerbe.

»Sinnbildlichstes und dominantestes Barockensemble« – die Bestnoten für Melk können nicht euphorisch genug ausfallen. Im wortwörtlichen Sinne eine Sache der Betrachtung, der Sicht-Weise. Denn der Anblick … siehe Bild sowie den Umschlag dieses magischen Bild-Bandes. Und genau das ist es. Melk hat mit dem energetisch so ganz anders wirkenden Schloss Neuschwanstein in Bayern eines gemeinsam: Die Wirkung nimmt mit jedem Meter Abstand zu. Sowohl von dem weltberühmten König Ludwig-II.-Schloss als auch von Kloster Melk haben Sie sofort ein Fern-Bild im Kopf und fast nie eine Nah-, Innen- oder Detail-Aufnahme. Das macht solche Kraftorte irgendwie über-irdisch, sternengleich. Denn Gestirne, Mond, Sonne und Sterne, sie entfalten ihre Wirkung erst aus großer Entfernung. Von nahe ist zumeist gar kein Leben möglich (Sonne!), mit zunehmender Entfernung tragen diese leuchtenden, jede Kultur, Astrologie, Religion befruchtenden Himmelskörper zum Leben bei. Mehr: Sie sind Voraussetzung für das Leben – anderswo!

Stift Melk ist solch ein leuchtendes Gestirn am »Himmel der Kraftorte«: Die Strahlkraft der berühmten barocken Baulichkeit in dem typischen lebensbejahenden Gelb befruchtet das religiöse Leben und Erleben weit über die Wachau, sogar weit über die Grenzen Österreichs hinaus.

Manchmal ist der magische Ort reine Bildlichkeit. Warum? Alles entsteht im Kopf. Wer Melk zum ersten Mal erblickt – und dies geschieht zwangsläufig immer mit großem Abstand –, der vergisst nie. Nicht nur der Anblick gräbt sich tief in Empfindung und Gemüt, sondern vor allem das, was die Glaubens- und Bildungsburg auf magischem Felsen hoch über der Donau ausgelöst hat in der Seele. Schon richtig erkannt. Da ist sehr viel Sehnsucht dabei, Suche … aber wonach? Vielleicht ist es unpopulär, sie auszusprechen. Es ist die tiefe, dräuende, unlöschbare … Sehnsucht nach Gott. Sehnsucht »sehnt sich« nach Erfüllung. Deshalb auf in die Wachau und Melk von Ferne sehen. Das »Da-Sein« ist dann eher wieder ganz anders.

»Der Jakobsweg im Nibelungengau führt vom Stift Melk über die Donaubrücke nach Emmersdorf, weiter nach Urfahr, durch den Ort Leiben, vorbei am Schloss Artstetten, das durch sein schönes, weißes Schloss mit Zwiebeltürmchen ins Auge sticht, bis zum Ziel dieses Pilgerweges

Niederösterreich, nach Maria Taferl«, beschreibt ein Wanderer im Internetportal *Tripsbytips.de* den Weg. Der Besuch führt um den magischen Berg herum nach oben. Vom Parkplatz aus rücken Sie der Energie gefährlich nahe. Vor dem rundgemauerten, stark abstrahlenden rechten Bastionsturm ist die Energie geradezu saugend. Steigen Sie hinauf, erleben Sie Museum und Ortskraft samt Rundblick!

Wer hier innerhalb der Mauern und Höfe von Stift Melk weilt, der sollte den tieferen Sinn der Regel des heiligen Benedikt studieren, zumindest in Auszügen. Neben den »spirituellen Exerzitien« des Gründers des Jesuiten-Ordens, Ignatius von Loyola, gibt es wohl bis heute keine bessere Unterweisung für Vorgesetzte und für Führende. Ob Sie Chef sind, Lehrer, Dirigent, auch Partner (!) – lesen Sie die »Geistigen Übungen« und die benediktinische »Regel«. Es lohnt sich in ungeahntem Ausmaße.

Der Ort. Er atmet die Geschichte, die er schrieb. Die Wechselbeziehung zwischen Kraftort und Schicksalsort ist unverkennbar zu spüren. Melk ist auf geistig-untrennbare Weise mit Österreich verbunden. Webauftritt des Stifts, *www.stift-melk.at:* »Im Jahre 996 wird erstmals in einer Urkunde der Name ›Ostarrîchi‹ = Österreich erwähnt. In den mehr als 1000 Jahren, die seither vergangen sind und in denen sich das kleine Ostarrîchi zunächst zu einem riesigen Imperium und schließlich zu unserem heutigen Österreich entwickelt hat, war Melk stets ein bedeutendes kulturelles und geistliches Zentrum dieses Landes.«

Es war Leopold I., der im Jahre 976 mit dem Gebiet des heutigen Südwesten Österreichs als Markgraf belehnt worden ist. So machte er die Burg Melk zu seiner Residenz. Der magische Ort über der Donau zog in der Folgezeit Schätze und Reliquien »wie magisch« an. Ab 1089 wurde die Burg den Benediktinern (Nachfolger der Druiden?) übergeben, die bis heute die Spiritualität des energetisch sonnengleichen Ortes wahren und pflegen. Wie immer im Umkreis des benediktinischen Denkens entstand hier bald eine Schule. In der Klosterbibliothek sammelten sich die wertvollen Handschiften zu einem Schatz, der bei Verlust nie ersetzt werden könnte.

Sie können, auch ohne Führung, das südliche Seitenschiff betreten. Die Wirkung (Gold, Schwarz, Macht, Licht, Glaube) »haut Sie um«. Aber das kann man nicht nachlesen, man muss »da sein«.

Groissenbrunn im Marchfeld

Kraftort Marienbründl

Nicht nur der magische Ort: Der Weg ist wichtig, denn der Ort ist immer Teil des Weges, Endpunkt und Neuanfang zugleich. Philosophisch hinterfragt: Gibt es eigentlich »den Weg« ohne zwei Wegebezugspunkte, ohne Anfang und Ende …? (Siehe auch unter »Wege in Österreich« in diesem Band.)

Groissenbrunn, so ganz am östlichen Ende Österreichs, »idyllisch im Nationalpark Donau-Auen, zwischen Wien und Bratislava, umgeben von den prunkvollen Marchfeldschlössern Schlosshof, Niederweiden und Marchegg« (so die Website der Stadt), liegt an einem ganz besonderen »Weg«. Führt doch die Bernstein-Straße B49 durch den Ort, eine uralte Energie-Linie, die nach einer der ältesten Handelsstraßen Mitteleuropas benannt worden ist. Sie sollten das überschaubare Kraftplatz-Areal, das viele Sehenswürdigkeiten bietet, zu Fuß ergehen und die umgebenden lichten

Hügel mit den Sonne tankenden und Lebensenergie speichernden Weinstöcken genussvoll auf sich wirken lassen!

»Mitten im Nationalpark March-Donauauen gelegen, finden Sie rund um Groissenbrunn eine einzigartige Fauna und Flora. Ein wahrer Kraftort ist das Marienbründl von Groissenbrunn mit der Statue der Mutter Gottes mit dem Jesu Kinde und der sprudelnden Quelle, die den Teich speist«, weiß die Internet-Seite aus gutem Grund weiter zu berichten. Nicht umsonst schließt dieser Text an »Stift Melk« an. Denn die dem heiligen Ägidius geweihte Wallfahrtskirche Groissenbrunn hat ihr heutiges Aussehen im Jahre 1774 durch Abt Urban II. vom Stift Melk erhalten.

Die Geschichte weist bis ins hohe Mittelalter zurück: 1115 erstmals urkundlich erwähnt als »Chressingprunnen«. Magische Orte sind Schicksalsorte, denn hier fand

1260 die Schlacht von Groissenbrunn statt, in der sich der böhmische König Ottokar II. und der ungarische König Bela IV. gegenüberstanden.

Marien-Wallfahrtsorte besitzen stets eine extreme »Erdung«: Die Urkraft von Mutter Erde ist hier besonders fühlbar, ebenso die heilende Wirkung der Erde und ebenso der Erd-ung, die Kraft des Humus und der lebensbewahrenden Erd-Kraft – damit des Weiblichen, Bergenden. Des Marianischen? »Erde« ist immer ein weibliches Wort (terra), und der erdige, felsige, erdschwere Berg, er trägt das »bergen«, das »Geborgen-Sein« in sich. Was ist »bergender« in der christlichen Ikonografie als die Madonna mit dem weiten und aufnehmenden (Schutz-)Mantel? So hat der Begriff »Schutzmantel-Madonna« vor allem in Österreich Größe, »Weite« und Be-deutung. Maria, breit' den Mantel aus … Der Mantel ist immer schon Symbol für Würde, Schutz, Macht, bergendes Aufnehmen. Man denke an die bekannte Stelle im Neuen Testament, da der heilige Martin den Mantel teilt.

Schutzmantelmadonnen haben etwas so herrlich Aufnehmendes. Nicht zuletzt deshalb verlässt fast jeder Besucher den Marienort in gehobener Stimmung.

Innsbruck

Mit der Straßenbahn zum Kraftort-Kloster

Die Lage. Und immer wieder die Lage. Wer sich mit magischen Orten beschäftigt, entwickelt bald eine Art Spleen (der keiner ist, sondern freudig angewandtes Wissen), wie sich die Kraftlinien, die sogenannten Drachenpfade, erkennen lassen: Das sind stets gerad-linige Erdenergie-Flüsse, die »den Ort« ausmachen.

Visualisieren Sie die Gesamtkarte von Österreich samt Umgebung: Auf einer schnurgeraden Ost-West-Linie liegen St. Gallen, Innsbruck, Graz. Gekreuzt wird diese Lebenslinie in südwestlich/nordöstlicher Richtung von einer anderen Drachenlinie, die Ingolstadt (Illuminaten, siehe »Schicksalsorte in Bayern«), wiederum Innsbruck und in Norditalien Trento (Trient) trifft. Kein Wunder also, dass die Hauptstadt von Tirol als geomantische Kreuzung Geschichte schreibt und ebenso ein geo-historischer Schmelz- und Knotenpunkt eben der Ereignisse ist, die nur hier so geschehen konnten, wie sie geschehen sind.

Wir beginnen die Stadtbesichtigung am Burggraben, der uns im wahrsten Sinne »spüren lässt«, was wir zu erwarten haben. Nicht weit ist es zum Goldenen Dachl, das für den Themenbereich »Bilder in Österreich« unumgänglich wurde. Denn das *imago* des vergoldeten Vordaches prägt sich für immer ins Gehirn, aber auch in die Seele und ins Gemüt. Die Spuren sind alt und weisen –

wie so oft – zurück in die heidnische und um Naturkräfte wissende Frühgeschichte: »Besiedlungsspuren aus dem Innsbrucker Stadtgebiet lassen sich bis in die Jungsteinzeit zurückverfolgen. Vorrömische Ortsnamen und Urnengräberfelder in Wilten, Amras, Hötting und Mühlau sowie Funde aus der Latènezeit am Adolf-Pichler-Platz in der Innenstadt zeigen, dass das Innsbrucker Becken seit mehr als 3000 Jahren durchgehend besiedelt ist.« (*Wikipedia*)

Geo-Historie bedeutet, dass alles, was hier geschah, eben des Orts wegen und bedingt durch die Lage und daraus folgende Drachenkräfte genau so geschah, wie es geschehen ist: So legten die Römer im Zuge der Grenzsicherung und der Eroberungen der Räter und der Noriker unter Kaiser Augustus zum Schutz der Reichsstraße (Drachenpfad!) Verona – Brenner – Augsburg um 15 n. Chr. die Militärstation Veldidena (Wilten) an. Diese wurde dann um 600 im Zuge der Völkerwanderung zerstört. Nach dem Zerfall des Römischen Reiches und wechselnden Machtblöcken (Bayerisches Herzogzum Fränkisches Reich Karls des Großen) und dem üblichen Hin und Her der Ortsgeschichte(n) geriet das Gebiet von Innsbruck unter die Herrschaft der Grafen von Andechs.

Sagen »sagen« viel mehr als tausend Worte, auch über Erdkräfte. Denn Sagen sind die

Bildsprache der magischen Orte. Hier kündet die Sage vom Riesen Haymon, der einen anderen Riesen mit Namen Thyrsus, der in einer Erdhöhle bei Zirl wohnte, erschlug: Kampf der Erdkräfte! Denn Haymon siegte mit einem Felsbrocken, der den Gegner tödlich traf. Dort, wo das Blut des Erschlagenen (die Lebensenergie?) hinströmte, liegt die Ortschaft Dirschenbach. Haymon bereute seine Tat bitterlich, den Anblick des erschlagenen Gegner-Riesen konnte er einfach nicht ertragen. (Riesen sind in der Regel recht gutmütig, ebenso wie bei den Menschen, giftig sind eher die Zwerge.) So gründete er zur Wiedergutmachung ein Kloster. Natürlich am magischen Kraftort, genau da, wo der Fluss Sill aus einer engen Klamm tosend die einpferchende Enge des Felsenweges verlässt. Die dicken Klostermauern fertigte der fleißige Riese, indem er Felsbrocken aus den umliegenden Bergen mühevoll zu Tal schleppte und dann mit einem Steinmetz-Hammer bearbeitete. Jetzt passte er den »behauenen Stein« aufeinander und ineinander: Der Riese als Maurer! Das alles war dem nahe wohnenden Drachen ein Dorn im Auge. Nachts zerschlug das erboste Erd-Tier die frisch errichteten Mauern, so lange tat er das, bis es dem Riesen Haymon zu dumm wurde. Es kam zum entfesselten Kampf. Die Prügelei am Kraftort tobte so laut, dass schier die Felsen ringsum erzitterten. Haymon erschlug das Urtier, schnitt ihm die einen Meter lange (!) Zunge aus dem Rachen und begrub diese unter dem Altar des neu zu gründenden Klosters.

Nur eine Sage? Wir erfahren in bilderreicher Sprache das Geheimnis der hier gebändigten und transformierten Drachenkraft. Auf diese Weise entstand das Kloster Wiltau, dessen Name den Ort »In der wilden Au« immer noch anklingen lässt.

Im heutigen Kloster Wilten soll Haymon samt Drachenzunge genau unter dem Altar beigesetzt sein. Wo sonst? Kraftortkenner wissen um die Position früher Altar-Stätten. Das hat sich seit dem Zweiten Vatikanischen Konzil allerdings geändert. »Stift Wilten ist ein 1138 von Bischof Reginbert von Brixen begründetes Kloster der Prämonstratenser in Wilten, einem am Fuße des Bergisels gelegenen Stadtteils von Innsbruck, der Landeshauptstadt des österreichischen Bundeslandes Tirol. Das Stift Wilten kann mit den Innsbrucker Straßenbahnlinien 1 und 6 (Innsbrucker Mittelgebirgsbahn) und der Stubaitalbahn erreicht werden ...« (*Wikipedia*)

Links neben dem Eingang zur Stiftskirche findet sich eine imposante Statue des Riesen. Er trägt Schwert und Drachenzunge. Allerdings, die herausgeschnittene Zunge sagt uns, dass hier immer schon etwas verschwiegen wird. Hören Sie »nach innen«: Lassen Sie den Ort reden.

Von Rainbach nach St. Ägidi

Besinnungswege im Sauwald

War es Zufall? Von Schärding aus strebte ich dem Sauwald zu, schließlich sollte der Tages-Pilgerweg mit dem Auto bei Stift Engelszell in Engelhartszell (siehe dort) abgeschlossen sein. »Sauwald?«, riefen die Zimmervermieter euphorisch aus. »Bringen S' doch, bittschön, glei Sauwald-Erdäpfel mit …« Kraftort-Feinschmecker-Anmerkung: Die Kartoffeln (Erdäpfel) aus dem Sauwald gelten als die besten.

»Der Sauwald ist der größte südlich der Donau liegende Teil der Böhmischen Masse in Oberösterreich. Der Plateaurücken zieht sich von Passau und Schärding am Inn bis Eferding …« (*Wikipedia*) Und der urige Name? »Volksetymologisch wird der Name als sich von den (ehemals ansässigen) Wildschweinen ableitend gedeutet, doch vermutlich rührt der Ausdruck vom älteren Namen Passauer Wald. Das ganze Gebiet war immer in enger Verbindung mit dem Bistum Passau bzw. der Stadt Passau …«

Hohe Fastenzeit, Vorbereitung auf Ostern und dieses unglaubliche Geheimnis der Auferstehung Christi; mit lila Tüchern verhangene Altäre und Gnadenbilder. Grabesstimmung. Magie in allen

Gotteshäusern, die seltsam dunkel (schwarz?) anmutet und mit der Genesis-Schöpfungsfreude des großen Kreator-Gottes und auch der strahlenden Frohbotschaft des Neuen Testamentes so seltsam wenig gemeinsam hat. So trieb mich diese stets wirksame höhere Vorantreib-Energie, die jeder Kraftortpilger kennt, irgendwie über Schärding, die herrliche Barockstadt, nach Rainbach, nicht allzu weit entfernt von St. Ägidi (siehe dort).

Rainbach ist die klassische Bergkirche. Der Hügel mit den Gräbern, die wie eine Terrassenanlage wirken, atmet keltischen Urgeist. Kein Zufall, dass uns vor der östlichen Apsis die deprimierende Ölberg-Szene begegnet. Jesus schwitzt Blut, die anderen schlafen, das Unglück naht.

Der Pfarrbrief von Rainbach »Ostern 2013« war überschrieben mit »Alle können zu Glaubenden werden«. Und wie so oft die »Drei Frauen«, die dem Kenner magischer Orte als »Drei Beten« gar so vertraut sind. Drei Frauen benennt die Bibel, die am Ostermorgen das leere Grab bezeugen: Lukas nennt »Maria Magdalena, Johanna und Maria, die Mutter des Jakobus« (Luk. 24,10). Bei Markus (Mark. 16,1) begegnen Maria aus Magdala, Maria, die Mutter des Jakobus, und auch Salome. So druckt der Pfarrbrief ein wundersames Bild des Künstlers Bartolomeo Schedoni ab, der Anfang des 17. Jahrhunderts das magische Gemälde »Die Drei (!) Marien am Grabe« geschaffen hat.

Und in der Kirche von St. Ägidi (siehe nächstes Kapitel) sind die »Drei Frauen« in der klassischen Begegnungsform als die »Drei heiligen Madl« als Statuen präsent.

St. Ägidi

Diese groteske Ur-Schuld, die keine ist

Der Weg nach Engelhartszell hat Sie, der »Höheren Macht« folgend, nach St. Ägidi im Sauwald geführt. Hier entstand vor etwa 1000 Jahren der erste Holzbau, der dem heiligen Ägidius gewidmet war.

Ich stellte den Wagen nordöstlich der weiß getünchten Friedhofsmauer ab. Blechern geblasenes Wehklagen drang über die Mauer, die getragenen Klänge einer uniformierten Blaskapelle, die der klirrenden Kälte dieser Winter-Beerdigung den passend klagenden Klang beimischte und so die Trauergemeinde beschenkte. Kälte scheint Trauer festzufrieren, Kälte heilt! An den Trauernden vorbei huschte ich ins Innere der Kirche, wo mich das gotische Presbyterium mit jener seltsamen Herzlichkeit empfing, die geübten Kirchenbesuchern wohlbekannt ist. Das Kirchenschiff formt, wie so oft, ein Kreuz. Und am linken Seitenflügel, dem linken Kreuzesarm also, da fand ich sie, vollzählig versammelt und brav nebeneinander. Die drei Beten:

* Margarethe mit dem Wurm,
* Barbara mit dem Turm,
* Katharina mit dem Radl,
    … des san' die Drei Heilgen Madl.

Dazu die Farben Rot, Weiß, Blau. Wobei Weiß auch durch Gold ersetzt schien. Die »Dreifache Weibliche Gottheit« ist Thema in vielen Kraftort-Büchern und soll hier nicht wiederholt sein. Und immer »das Weibliche« links. So wie in katholischen Kirchen die Frauen links sitzen, jede Madonna das Kind über ihrem Herzen links hält, so standen auch hier die drei Beten – links. Eine beredte Geheimsprache magischer Orte … und auch des Körpers, wie jeder gute Heiler wissen muss.

Wieder im Freien, entdeckte ich: Vor dem Eingangstor scheint ein »tellurischer Trichter« zu wirken. Alles zieht nach – oben. Trotz der sogenannten Friedhofsenergie. Die Trauergemeinde war verschwunden, ebenso die dunkle Blechbläserkapelle. Ich blickte in das zurückgelassene Grab, und von dem hölzernen Sarg in der Grube strahlte eine wohltuende Ruhe und Zuversicht aus. Seltsam, dass mir gerade jetzt einfiel: Wir sind schon erlöst. Allerdings – wovon?

In einem Buch des österreichischen Autors Rainer Habek, der unter der Überschrift »Via Sacra, Sündenfall und Schimmelpilz« das leidige Thema »Erbsünde, Urschuld« recht kritisch und frech hinterfragend abhandelt, fand ich die Zeilen: »War der Opfertod Jesu überflüssig? Eine blasphemische Frage? […] Warum sind wir Sünder, obwohl wir selbst nicht gesündigt haben […]? Was können spätere Generationen dafür, dass Adam in den Apfel gebissen hat …?«

Beim Lesen kamen mir seltsame Gedanken, wie der »Urschuld-Gedanke« seit Generationen

uns alle manipuliert. Als ich über die Dauer-Schuldfrage meiner deutschen Landsleute nachzudenken begann, gingen mir Kronleuchter auf. Wie kurios ist der durchaus biblische Gedanke einer geerbten Schuld! Ich schaufelte meine Gedanken in das offene Grab und ging zufrieden dem nächsten Kraftort entgegen. Und das in der Karwoche.

Stift Engelszell in Engelhartszell

Die Engels-Zellen des Gehirns

Wenn ein Schweigemönch,
der sagt, dass keiner da ist,
dennoch da ist und etwas sagt …

»Man sagt, sie schweigen ihr Leben lang. Man sagt, sie schlafen im Sarg. Tun sie das wirklich, die Trappisten …?«, so fragt sogar der sachliche Kirchenführer »Stift Engelszell« auf spektakuläre Weise. Und die Schrift gibt auch gleich eine sachliche Antwort: »Die Mönche des heutigen Engelszell sind ›Zisterzienser der strengeren Observanz‹.« (S. 26)

Zunächst aber der Anblick! Engelszell »lebt«, wie das ebenfalls an der Donau positionierte Stift Melk, vom ersten Anblick. Der ist allerdings überwältigend. So wie Melk hoch über der Welt zu schweben scheint, so ist Stift Engelszell extrem geerdet und nur unwesentlich über das Niveau des Donaustromes erhaben.

Ich kam aus der Tiefe des Sauwaldes auf Engelszell zu. Es war, als würde eine Energie sich verdichten. Welche? Da! Die letzte Kehre der schlängelnden Straße hoch über dem Donaubecken, und dann: der Anblick! Letztlich braucht man das Stift nicht mehr besuchen, der erste (!) Sicht-Kontakt brennt sich ein in die grauen Zellen (Engels-Zellen des Gehirns?); er »setzt« und fixiert den »magischen Kraftort im Gehirn«. Man könnte hier ausgedehnte neuro-geomantische Forschungen treiben … Zunächst aber das Schreiten von Westen her durch die beeindruckende Drachenpfad-Allee auf die markante barocke Westfassade zu mit dem (nicht nur materiell gemeint!) »mehrfach eingeschnürten« Zwiebelturm. Weniger ist mehr, dachten die wissenden Erbauer. Deshalb die »schlichte« Einturm-Fassade. Eine bewusste und gekonnte Pfählung der Erdkräfte, genau am richtigen Kreuzungspunkt zweier gewaltiger Drachenlinien, die ein Geheimnis verraten. Sie müssen nicht konsequent schweigen.

Trappisten? Schweigen? Da hatte ich wohl Glück, als ich an der Klosterpforte klopfte: »Keiner da …«, sagte der Trappist, jung, hübsch, blass, gelangweilt. Ob er einen Kirchenführer hätte? Mit zwei Euro war ich dabei. Und schönen Tag noch. Immerhin hatte ein Schweigemönch, der da war, gesagt, dass keiner da sei. Doppeltes Paradoxon am Kraftort.

»Wie viele andere ehrwürdige Klöster ist Engelszell ein Spiegel historischer Prozesse und menschlicher Natur …«, weiß der Kirchenführer (S. 18). Die Gründung geht zurück aufs 13. Jahrhundert, es mischen sich die Schicksalskraft des Ortes (ich nenne dies Histo-Geomantie), die Wirren des Hochmittelalters, die Kreuzzüge, ein aufkommendes Geheimwissen, das bis heute Europa (!) beherrscht und nur wenigen zugänglich

ist. Aber: Der Ort nimmt einen mit. Kraftorte sprechen!

Sprechen? Da sind wir wieder bei der Magie des Schweigens. In den Worten des Kirchenführers (S. 27): »Stille und Schweigsamkeit sind Mittel, um das Herz zur Ruhe zu bringen und zu öffnen, sodass es auf die Stimme horchen kann, die ihm die eigene Dimension erschließt …« Das mit den Dimensionen stimmt. Nach dem Besuch von Engelhartszell, vor allem auf der schnurgeraden Allee hin zum Westtor mit dem pfählenden Turm, da denken Sie plötzlich mehrdimensional.

Maria Taferl im Nibelungengau

Von der Magie des Ankommens

Kennen Sie dieses prickelnde Gefühl: »Ja, da bin ich genau richtig!«? Solche Orte rufen nach dem ersten Kennenlernen immer wieder. Zeit spielt keine Rolle, denn solche magischen Areale sind ohne Zeit. Oder besser, sie sind die Zeit selbst. Bei mir waren über 30 Jahre ins Land und ins eigene Leben gegangen, seit ich beim Wallfahrtsort Maria Taferl hoch oben über dem weit geschwungenen nördlichen Bogen der Donau, wo Strudengau und Nibelungengau sich sanft berühren, zum ersten Mal ankam.

Ankommen hat zwei Bedeutungen: körperlich, aber ebenso seelisch. Das erste unterliegt der sogenannten Zeit und deren Regeln. Das zweite nicht. Hier in Maria Taferl geschieht eben schon beim ersten Kontakt ein Ankommen für immer. Ein Da-Sein ohne Zeit, egal wo man sich auch sonst aufhalten mag. Die Schwerkraft der Zeit … Damit ist über diesen hervorragenden »magischen Kraftort in Österreich« letztlich alles gesagt.

Nun aber doch einige Fakten … Wie Melk ein gutes Stück weiter donauaufwärts ist Maria Taferl von weithin sichtbar – aber der Ort setzt voraus, dass man die schlangenartig mäandernde Straße erwartungsfroh hinauffährt. Die Orts-Energie steigert sich beim Näherkommen mit jedem Meter. »Entstanden in der Zeit der Gegenreformation, ist sie eine Stein gewordene Manifestation des Triumphes der katholischen Kirche nach dem großen Religionskampf, dem Dreißigjährigen Krieg …« (Monika Soffner-Loibl: »Maria Taferl«, S. 43). Sagen wir es einfacher: Gott ist über allem. Wo Gott ist, ist oben. Das mag vielleicht so sein,

Gedanken an einen »Religionskampf« sind aber das Letzte, was dieser Himmels-selige Gnaden-, Kraft- und Wallfahrtsort hervorruft. Eher steigt der Gedanke hoch, wie grenzenlos gottfern Religionseiferer doch sein müssen. Gott gehört sehr wahrscheinlich keiner Konfession an – oder? Richtig gedacht: auch nicht der katholischen. Aber vielleicht ist Gott in seinem unbeschreiblich welt(en)offenen Schöpferdenken … bayerisch? … österreichisch? … schweizerisch?

Streitereien ziehen nach unten. Der Kluge (und das regelmäßige Besuchen magischer Orte fördert erdnahe Klugheit) geht instinktiv jedem Streit aus dem Wege. Natürlich auch einem Konfessions-Streit. Nur Narren kämpfen. Der Kluge zieht weiter seines erfolgreichen Weges!

Hier in Maria Taferl aber »zieht« alles nur nach oben. Kein Wunder, dass es den Kraftort-geschulten Besucher in der lichtvollen Kirche gleich nach vorne und dann bei der Vierung nach links

»zieht«, hin zum Himmelfahrtsaltar der Heiligen Familie. Alles Barock, alles schwebt. Auch der Besucher … Die zeitbedingte Bipolarität allerorten, die scheppernde Antithetik von Oben-Unten, Gut-Böse, Licht-Schatten macht geradezu trunken. Engel reiten auf Fässern (?), der Engel im Presbyterium erinnert eher an den Licht-Träger (Luci …!). Auch das diagonal komponierte Kreuz lässt ahnen, dass hier ein verstecktes Wissen schlummert, das dann erst später von Eiferern »verteufelt« würde.

Hier auf dem Taferlberg, treppab der Kirche donauwärts, auf dem vor Erdkraft wummernden Plateau vom »Landesdenkmal«, da entstehen Gedanken, die sonst undenkbar sind. Nordufer der Donau, südlicher Ausläufer des Waldviertels, Schnittstelle zwischen Nibelungengau und Strudengau, südwestlich der Wachau … zweitgrößter (!) Wallfahrtsort Österreichs; Maria Taferl steht seit 1947 unter dem besonderen Schutz des Papstes. Jahreszahl beachten.

Das Taferl, der Tafelstein, befindet sich heute östlich der Kirche. Hier, erzählt die Legende, wollten Holzfäller eine Eiche umhauen, die aber das Gnadenkreuz trug. Die Axt glitt ab, die Wunde im Bein heilte ungewöhnlich schnell … Genau das ist Maria Taferl: ein Ort des Heils und der Heilung. Und wenn Sie im gegenüberliegenden Hotel Krone versonnen über die Donau blicken, den eleganten Wellness-Bereich genießen … dann könnten Sie beim köstlichen Karfreitags-Fischmenü eine lichte Vision haben: Gott meint es gut mit uns.

Ketzerisch: All die wahren Gnadenorte (magische Plätze mit der Fähigkeit zur Heilung) stammen aus einer Zeit ohne Kreuz.

Maria-Empfängnis-Dom in Linz

Der größte Dom Österreichs klingt wie eine Bruckner-Symphonie

Maria-Empfängnis-Dom. Das klingt eher harmlos. Demut, Hingabe und Vertrauen auf das, was kommt. Empfangen ist immer ein passiver Vorgang. All dies schwingt mit in der Benennung »Maria-Empfängnis-Dom«: fromme Hingabe.

Von wegen Passivität: Der Dom macht mit Ihnen, was er will. Kraftorte sind hochaktiv. Der Ort nimmt einen mit.

Sie stehen vor dem gigantischen West-Portal – das Hauptportal im Turm misst fünf mal elf Meter. Und Sie wissen spätestens dann, was mit dem Begriff »magischer Ort« gemeint ist, was so spirituelle Komposita wie »Kraftort«, »Energetische Zone«, »Tellurischer Trichter« meinen und beinhalten. Und auch bewirken. Die Kraft! Sie fließt von oben nach unten, ja sie stürzt vom neugotischen Turm des Linzer Monumentalbauwerkes hinab auf den Ankommenden, so wie entfesselte Urfluten des wild sich zerstiebenden Wasserfalles in einem Hunderte Meter hohen norwegischen Fjord. Der Seelen-greifende energetische Wasserfall vom Turm herab über das Portal verändert den Ankommenden, schon bevor dieser den Fuß über die Schwelle setzt.

Und immer die Macht. Der Bau ist imposant, über-mächtig gar; er zeigt vom allerersten Anblick an, wer hier die Macht hat. Wer hat die Macht und gebraucht diese? Die Jungfrau Maria, so wie sie im Neuen Testament liebevoll-sympathisch gezeichnet ist, am allerwenigsten – die Institution, der historische Transformator »Kirche« sehr wohl. Der Besucher des Domes hat sich dieser Macht augenblicklich unterzuordnen, hinzugeben. Das mag reizvoll sein, ist aber auch nicht ungefährlich.

Macht und Hingabe: »… die Lehre, welche festhält, dass die selige Jungfrau Maria im ersten Augenblick ihrer Empfängnis vermöge einer besonderen Gnade und Bevorzugung von Seite des allmächtigen Gottes im Hinblick auf die Verdienste Jesu Christi, des Erlösers der Menschheit, von jeglichem Makel der Erbsünde frei bewahrt wurde …« (»Linz, Maria Empfängnis-Dom«, S. 2)

Seltsam, dass neugotische Bauwerke oft mehr Macht abstrahlen als deren Vorbilder aus der großen »Zeit des Glaubens«. Vinzenz Stanz (1819–1898), ausgewiesener Meister der Neugotik, war hier »am Werk«, nachdem er in Wien einen preisgekrönten Entwurf für die Votivkirche vorgelegt hatte. Lassen Sie sich als Kraftort-Kenner von der Motivik, vor allem von der wirkungsvollen, alles beherrschenden Zahlensymbolik vereinnahmen: Denn …der Dom hat im Ganzen, Gruft dazugerechnet, 142 Fenster (Quersumme 7) und 54 Säulen (Quersumme 9). Mehr? Der Bau des Turmes allein hat 15 Jahre gedauert, dies war aber bereits der dritte (!) Bauabschnitt; die Tor-Symbolik Fünf mal Elf ist schon vor dem

Eintreten aktivierend da. Symbole wirken immer, auch dann, wenn man sie nicht kennt, ignoriert oder einfach um deren »Griff in die Tiefe« der Psyche nicht Bescheid weiß.

Sie haben den Dom gerade betreten. Das Dunkel nimmt Sie auf, die Kirchenfenster entfalten wie immer erst im Inneren des Baues ihre magische Leucht-Wirkung. Es ist wie mit dem Erkennen von Menschen: Wer sich nicht die Mühe macht, »hineinzugehen«, der erkennt nicht das »innere« Leuchten. Der kreuzförmige Grundriss des Linzer Domes erinnert an die großen Vorbilder, die berühmten Kathedralen der Gotik. Lassen Sie sich im Halbdunkel von den hohen Säulenreihen nach vorne ziehen, geben Sie sich den dunkel-düsteren Kreuzrippengewölben der Vierung hin. Hören Sie das wummernde Grund-Brummen? Denn wissende Geometrie bewirkt stets Klang, ebenso wie Klang geometrischen Sphärengesetzen gehorcht. Denken Sie an das dräuend-aufsteigende Beginnen von Bruckners 4. Symphonie …

In der Mitte der Vierung walten kreuzend Erdkräfte: Verstärkt durch eine genial-wissende Umbauung wirken die Kräfte des Drachen gleichzeitig in vier Richtungen und auch noch auf- und ebenso abwärts. Nicht umsonst wird Maria zumeist auf dem Erd-Tier dominant stehend abgebildet. Himmel- und Höllenfahrt zugleich, wie so oft an Kraftorten: Auf- und Abstieg, Jakobsleiter!

Maria Laach am Jauerling

Ein »Kraftweg« führt zur Madonna mit sechs Fingern

Erinnern Sie sich an den Satz: »All die wahren Gnadenorte (magische Plätze mit der Fähigkeit zur Heilung) stammen aus einer Zeit ohne Kreuz.« Das mag ketzerisch klingen, weist aber nur darauf hin, dass wirkliche magische Plätze, Kraftorte mit seelengreifender Wirkung, die von der Erdmutter ausgeht, allesamt schon vorchristlich sind. Die Überbauung und Vereinnahmung unserer Religion, doch ganz anderer Spiritualität als dem »Heidentum« entstammend, tut dem indes keinerlei Abbruch. Maria Taferl verlässt keiner so, wie er ankam.

So sind Sie von Maria Taferl aus nordöstlich in den Nibelungengau eingetaucht und bald der nach oben strebenden Straße Maria Laach gefolgt. Sie werden reich belohnt. »Kraftort« ist hier kein Fremdwort, eine Tafel an der alten, sichtbar erdgebundenen Kirche mit dicken Mauern weist darauf hin, dass ein »Kraftweg« hierher führe und die sechs (!) Finger der Gnaden-Madonna für deren spirituelle »Kraft« stünden. Und sie ist spürbar, diese Kraft! Die wuchtige Kirche mit der original erhaltenen mittelalterlichen Ausstattung liegt am Südhang des Jauerling in einer Höhe von 644 Metern. Der Chor als ältester Bauteil stammt sichtbar mit seinen Kreuzrippen aus dem späten 14. Jahrhundert.

Kraft! Geheimnis! Verdeckte Traditionen! Sehen Sie den wundersamen gotischen Flügelaltar mit anderen Augen. St. Magdalena (mit einem Turm), St. Ursula (mit dem Pfeil des Todes) und als dritte Maria mit sechs Fingern: Und da sind sie wieder, die drei Beten, die »Dreifache Weibliche Gottheit«, die alle magischen Orte vorchristlicher Entstehung prägen. Das Weibliche. Erdkraft. Urmutter Erde. Gaia.

Das Unsichtbare wird sichtbar, wenn Sie hier sind – und einfach nur zulassen, was in Ihnen geschieht. »Und noch etwas: Die liebe Gottesmutter sieht, wie jedes Kind weiß, vom Himmel herab all der Menschen Tun und Treiben und aller Menschen Werke, und so sah sie auch ihr durch des Malers Lässigkeit oder böses Wollen verunstaltet Bildnis. Da musste sie, als des Herren demütige Magd jeder Eitelkeit bar, unwillkürlich lachen, und so heißt denn der Ort um die Kirche bis zum heutigen Tage ›Maria Laach‹ …« (Quelle: »Wachausagen. Krems an der Donau« [1920], S. 47–48).

Sagen »sagen« alles. Fast jeder magische Kraftort hat »seine« Sage. Natürlich ist ein so wuchtiger und gewachsener Kraftort wie Maria Laach von starken Sagen umrankt. So soll der Meister der Sechs-Finger-Madonna immer wieder sein Werk verbessert haben: Die sechs Finger blieben. So schön, verrückt, verzückt Sagen daherkommen mögen: Sie bedeuten Macht, sind der Schlüssel

dazu. Denn jede Sage folgt dem »Navigations-System« des kollektiven Denkens. In dem Buch »Magische Orte in Österreich« habe ich eine neue Idee angedeutet, die sich empirisch aus dem Vergleich zahlloser Kraftorte und deren Lage zueinander ergeben hat. Nennen wir es … Neuro-Geomantie: Magische Orte zueinander (und Sagen-Orte insbesondere) entsprechen den Zuordnungen der »Denk-Pfade« im Gehirn! »Das Gehirn in seiner Anlage, seinem genialen Bau-

plan, der einem barocken Denk-Park gleicht; jener Erlebnis-Ort der Gedanken, der verzwirbelten Ideen und Sehnsüchte samt den neuronalen Denk-Punkten, wie sie der modernen Neurologie entsprechen …« (»Magische Orte in Österreich«, Rosenheim 2012, S. 159).

Wichtig ist die Ent-Schlüsselung dieser Sagen-Pfade. Nicht umsonst wird in katholischen Kirchen Petrus mit dem (Himmels-)Schlüssel dargestellt. Doch das ist nun Ihre Aufgabe.

Mondsee

Die Urkraft des Drachens

»… die Natur schuf diese Region in unbeschreiblicher Schönheit, mit hohen Bergen und tiefen Schluchten, einem Gletscher, freundlichen Tälern und immer wieder Seen …« (aus: »Salzkammergut«, S. 2).

Das Salzkammergut verdankt seine Entstehung der Eiszeit. Die mit unerbittlicher Kraft und unendlich großer Zeit-Reserve vorwärts sich grabenden Gletscher der Alpen haben tiefe Rinnen in die Landschaft geschliffen und damit die Formgebung der heutigen Seenpalette im Salzburger Land und auch in der Steiermark geschaffen. Bis weit hinaus in das Alpenvorland reicht die Handschrift der gigantischen Gletschermassen, die in unseren Tagen der globalen Erwärmung oft sogar abgedeckt werden müssen, um nicht zu schnell zu zerrinnen.

Da sich die ausgeschliffenen Gräben mit Schmelz- und Regenwasser füllten und durch zahlreiche Gebirgsbäche gespeist wurden, bei guten Bedingungen bald Bäume und Sträucher keimten und Wurzeln schlugen, entstand irgendwann das, was heute als grünblauer Jubelschrei der Schöpfung Touristen und Künstler, Betende und Kraftortfreunde aus der ganzen Welt lockt.

Und eine Erdkraft machte sich breit – Oder war diese immer schon da in der paradiesischen Region? –, die schwindelig macht: Wolfgangsee, Fuschlsee, Wallersee, Irrsee, Attersee, Traunsee und Hallstätter See; auch der von schwarzmagischen Geschichts-Sagen umwobene, in einem Wald hinter dem Grundlsee findbare Toplitzsee auf der noch weit interessanteren steirischen Seite des Salzkammergutes – sie alle sind die legalen »Kinder« von Vater Eis und Mutter Erde.

Nehmen wir den Mondsee, denn kaum ein anderer birgt die ur-weibliche Kraft von »Mutter Erde« sowohl im Namen als auch in der geomantischen Abstrahlung. Der Mond, das weibliche Gestirn Luna, könnte nicht besser Pate stehen, dazu die Sichelform, sich weise in die steilen Erhebungen ringsum an- und einpassend. Bewacht wird alles, was hier geschieht, von der jäh und gefährlich sich erhebenden Drachenwand (!) im Süden. Auf der gegenüberliegenden Seite schlängelt sich die kurvenreiche Straße – eine lebendige Drachenlinie eben. Wenn Sie vom Ort Mondsee aus das nördliche Ufer erreichen und auf Unterrach zufahren, finden Sie Ihre Stelle. Kraft und Geborgenheit, auch Bedrohung: das Weibliche …

Grundlsee

Hier ist der Schatz ganz nahe!

»Wer dort seine Aufmerksamkeit auf die Wirklichkeit nebenan richtet, der kann sie noch wahrnehmen – die ›Entrischen‹, die Gnome und Feen, wie sie tanzen im flirrend gesprenkelten Licht zwischen den Bäumen. Wo zwischen hunderten moosüberzogenen Steinen die Quellwässer von Traun und Stimitz singen …«, so »singt« euphorisch das Werbe-Faltblatt »Grundlsee«, wie es an einschlägigen Info-Stellen (Touristen-Informations-Stätten, Hotelrezeptionen) in der magischen Gegend des steirischen Salzkammergutes ausliegt.

Der Name »Grundlsee« ist wohl gar kein Zufall. Der Name hat den Grund des klargrünen, seelenkühlenden Gebirgs-Sees, sozusagen als Grundwissen von allem, was hier denkbar ist. Und Sie wissen: Nomen est omen. Hier in der Gegend sowieso. Nebenbei: Es ist bisher noch keiner der »wissenden« Besucher des magischen Areals (Sonnen-Touristen, die ihr Vergnügen finden, und sommerfrischliche Erholung sind da nicht mitgezählt) ohne Schatz zurückgekehrt, egal ob er vom Grundlsee kam oder vom nahen Toplitzsee.

Toplitzsee? Genau: Der magische versteckt-verborgene Tiefsee, der nicht nur der Sage nach, sondern mit extremem historischem Realitäts-Bezug einen unsagbaren Goldschatz – und eben viel, viel mehr birgt und hütet, das alles mitten in der bizarren Felsenlandschaft des Toten Gebirges. Und wieder der Name, der hin-weisende Name: Totes Gebirge. Tote reden nicht? Steine und Felsen schweigen? Von wegen.

Ist der liebevoll-bieder gestaltete Werbetext mit wissendem Hintersinn so zweideutig und gibt er womöglich absichtlich verbotene Hinweise? »Die ganz nahe gelegene Stadt Bad Aussee mit ihrem ausgeprägten Kulturleben gilt als der Mittelpunkt, das innerste Zentrum Österreichs. Und von da geht es noch weiter ›nach innen‹ zum Grundlsee …«

Diesen inhaltlich abgrund-tiefen (!) Werbetext muss sich der Kraftortkenner, vor allem aber jeder, der »die Welt hinter der Welt« schauen kann (und will!) auf der histo-geomantischen Zunge zergehen lassen. Was man alles unter »Kultur« verstehen kann, vor allem was die ausgehende Hälfte des letzten Jahrhunderts betrifft.

Das welt(en)geschichtliche Wende-Jahr 1945 und das Vorfeld ab 1933 – »Bad Aussee … ausgeprägtes Kulturleben«. So steht es da. Forschen wir nach. »Reichspropagandaminister Joseph Goebbels etwa quartierte schon im Frühling des Jahres 1941 seine Frau Magda in der schmucken Roth-Villa am Nordost-Ufer des Grundlsees ein«, schreibt Werner Kopacka in dem Buch »Enthülltes Geheimnis Toplitzsee« auf S. 12. Und: »Die Villa Castiglione am Grundlsee: Hier wurde die

30 000 Bände umfassende Bibliothek Hitlers versteckt.«

Die Liste mit derartigen Unglaublichkeiten, Ungeheuerlichkeiten und seltsamerweise auffallend wenig auftauchenden historischen Fakten rund um Grundlsee und Toplitzsee ließe sich beliebig, mit wachsendem Erschauern (auch mit Entdeckerfreude und Begeisterung, denn der Schatz liegt im Kopf!) fortsetzen. Der Ort: ein Zufall? Ist es nur die Abgeschiedenheit zwischen hohen Bergen, der immer genannte Gedanke der »Alpenfestung«? Nein, viel, viel mehr. Es ist der magische Ort an sich. Die Energien sind hier derart polarisierend, dass man von einem »Kraftwerk Grundlsee« sprechen kann.

Und die spirituelle Elektrizität des Areals ist natürlich anziehend – »attraktiv« im Wortsinne. Anziehend für alle. Noch einmal Werner Kopacka (S. 24): »Am 9. Mai 1945 kamen die ersten Amerikaner im Ausseerland an – zuvor hatten viele, die sich mit ihren Schätzen in die ›Alpen-festung‹ geflüchtet hatten, verzweifelt versucht, das wertvolle Gut ›in Sicherheit‹ zu bringen.« In Sicherheit also. Auch hier gilt wohl der Satz, dass es nirgends auf der Welt eine echte Sicherheit gibt. Oder etwa doch?

Die Lektüre über Grundlsee, Toplitzsee, Bad Aussee und die Crème de la Crème der hier versammelten Nazi-Größen liest sich wie ein spiritueller Histo-Science-Fiction-Schocker-Roman, bei dem man nach enthusiastischer Lektüre ausruft: »Gibt's doch nicht!« Gibt's aber schon. Nur herkommen muss man selbst. Dann lernen Sie, was tellurische Trichter sind, fahren zum Erdmittelpunkt (zur Hölle?) und zurück und wissen wieder einmal: Die wahren Schätze werden weder auf Jahrmärkten feilgeboten noch liegen sie auf einsamen Inseln oder in der tiefsten Tiefe magischer Seen: Die Schätze sind schon da. Im Kopf. Man muss sie nur finden. Der magische Kraftort hilft dabei. Doch diese Schätze glänzen nicht, sondern wirken im Stillen.

Toplitzsee

Schatzinsel mitten in den Alpen, auch für Kraftort-Kenner

»Eine herrliche Gegend. Schroffe Berge, viel Grün, die Luft ist klar und sauber. Das Idealbild der Alpenidylle. Viel schöner als im Salzkammergut kann Mitteleuropa gar nicht sein …« So beginnt, mit trügerischer Beschaulichkeit, das Kapitel »Fluchtziel Alpenfestung« in dem aufwühlenden Dokumentationsband »Enthülltes Geheimnis Toplitzsee« von Werner Kopacka (S. 12).

Alles hat seinen Höhepunkt. Mir ist in zwanzig Jahren intensiver Kraftort-Suche nichts Vergleichbares begegnet. Dieser vom scharfen und beständigen Zahn der Jahrmillionen tief ins Tote Gebirge hineingefräste, betörend dunkelgrüne, in jeder, wirkich jeder Beziehung »Abgrund-tiefe« Gebirgssee. Etwas Derartiges ist mir noch nie begegnet. Und schon beim ersten Da-Sein überträgt sich diese Tiefe, das »Unten«, auf das eigene Unterbewusstsein! Die Tiefenschicht des Egos vibriert, alles will nach oben.

Magischer Kraftort Toplitzsee im steirischen Salzkammergut! Eben noch mit der »weiblichen Drachenkraft« des Mondsees beschäftigt und fasziniert, führte der Weg, einer Herbergssuche wegen, über einen aufregenden Pass nach Bad Aussee, was natürlich den Besuch des Grundlsees zur Folge hatte. Nun wurden die Unterwegs-Gespräche aber seltsam interessant! Immer wieder das Wort »Toplitzsee« und die Nennung des berühm-

ten, berüchtigten, sämtliche guten und ebenso verwerflichen Sehnsüchte, Raffgier-Varianten, auch einfach nur Neugierde und kindliches Abenteurertum fütternden Schatzes!

Also hin. Von Gößl aus, dem östlichsten Ort des malerischen, in die Alpenwelt eingegossenen Grundlsees, führt ein 20-Minuten-Gehweg zum Toplitzsee, der von Grundl- und Kammersee umgeben ist. Schon der Weg dorthin ist ein Kraftort-Weg, er führt sogleich weit hinein ins eigene Ich, aber auch mitten ins kollektive Unbewusste.

»Gold, Diamanten, Falschgeld, Listen und Geheimkonten – alles soll sich unter der dunklen Oberfläche des Sees verbergen, versenkt von SS-Kommandos in den letzten Tagen des Krieges. Ein Kranz von Gerüchten und Legenden hat sich seither um diese SS-Aktion gebildet, und diese führten zu unterirdischen Fehden miteinander verfilzter, sich bekämpfender seriöser und unseriöser Bergungstrupps. … Es war Anfang Mai 1945. Eine Kolonne staubbedeckter Wehrmachtlastkraftwagen rollte in Hitlers ›Alpenfestung‹. Die Ladung bestand aus Banknotenpressen, aus Dokumentenbeuteln und falschen Pfundnoten.« So nachzulesen auf *www.sagen.at,* wo als Quelle ein Zeitungsbericht aus den 1960er-Jahren angegeben ist.

Es ist viel geschrieben worden in Magazinen, Zeitungen, seriösen Tageszeitungen wie auch in

Revolverblättern. Es gibt Filme, Videos, Dokumentationen … (suchen Sie im Internet nach Toplitzsee). Noch einmal aber das Buch von Kopacka (S. 10): »Neben Edelmetall geht es auch um jene Liste, die genaue Auskunft über Depots gibt, in denen ein Großteil des Nazi-Depots versteckt wurde. Simon Wiesenthal nennt sie das ›wichtigste Geheimnis des Dritten Reiches‹ …«

Man soll sich mit diesen letztlich negativen Fakten nicht zu sehr aufhalten: Die Wahrheit möge jeder selbst erahnen, der herkommt und die Wucht der Erdenergien spürt. Ein histo-geomantischer Tummelplatz des Abgründig-Bösen, des Raffenden, der kranken Weltherrschafts-Suche samt restlosem Zusammenbruch … aber (das mag überraschen) – ebenso der Heilung. Das wahre Geheimnis des Toplitzsees ist: Nicht nach Gold suchen oder danach fragen. Das tun doch alle. Sondern das suchen, was die Natur hier bietet. Das Wissen um Heilung. Den Gral.

»Der Toplitzsee ist ein kleiner See im Salzkammergut in der Steiermark (Österreich). Er wird von zwei Wasserfällen sowie einem unterirdischen Zufluss vom Kammersee gespeist und liegt zwischen dem von Bergwänden umgebenen Kammersee, der als Traunursprung bekannt ist, und dem größeren Grundlsee. Die beiden zufließenden Wasserfälle sind als vorderer und hinterer Wasserfall bekannt. Zu erreichen ist er von Bad Aussee, Bezirk Liezen. Er liegt an der Südseite des Toten Gebirges und gehört zum steirischen Teil des Salzkammergutes. Der See ist auf einer Höhe von 718 m gelegen, zwei Kilometer lang, 400 m breit und 103 m tief. Er ist ab einer Tiefe von etwa 20 m nicht mehr sauerstoffhaltig.« (*Wikipedia*)

Den Gral? Hier regieren geistige Gesetze. Der Goldschatz (die Raffgier) ist eine sinnvoll eingesetzte Barriere der höheren Macht, überwindbar für alle, die ganz etwas anderes suchen. Und Sie werden es finden. Im Kopf.

Traunbrücke in Bad Ischl

»Kraft-Fluss« der K.-u.-K.-Historie

Immerhin ist der Habsburger Kaiser Franz Josef I. 60 Jahre lang hierher gereist zur Sommerfrische. Damit hat Bad Ischl nicht nur das »K.-u.-K.-Flair«, einen nach wie vor einschnaufbaren Atem der Geschichte, sondern auch das (über sämtliche Generationen hinweg) gar so interessante »Sisi-Feeling«. Für den Kraftortfreund warten aber noch ganz andere Überraschungen auf. Bad Ischl, das merkt der Ankommende sofort, ist von hohen Bergen und Felsformationen umgeben, deren enorme Abstrahlung allerorten nicht nur sichtbar ist, sondern geradezu bedrängend auf Leib und Seele wirkt. Kein Wunder: Der kaiserliche Ort Ischl hat eine Kessel-Lage, was zum einen Geborgenheit vermittelt, zum anderen aber ein unangenehmes Eingesperrt-Sein fühlen lässt. Für Kraftortfreunde mit extremer Freiheitsliebe eher ungeeignet.

Ebenfalls spürbar die zentrale Lage im Salzkammergut. Der Fühlende spürt das Kribbeln: Hier war und hier ist »etwas los«. Das machte den Ort schon recht bald zum Verwaltungszentrum der Region, die nicht nur zu K.-u.-K.-Zeiten Erholungssuchende wie magisch anzog – und anzieht. Seit dem 16. Jahrhundert war der durch den Salzabbau bedingte wirtschaftliche Aufschwung nicht mehr aufzuhalten. Dann, ab dem 19. Jahrhundert, die Zeit der »Bade-Kuren«, wie sie sich so herrlich in ausmalenden Gesellschaftsromanen oder Kodacolor-Filmen der 1950er-Jahre darstellen lassen. Ischl natürlich ganz vorne dran, das Thermalbad ist heute noch Dreh- und Angelpunkt. Die Trinkhalle wirkt wie ein antiker Sakralbau und beherbergt seltsame, die Vergangenheit aktivierende Denk-Cluster.

Und natürlich die Sommer-Residenz von Kaisers. Der Weg dorthin, zu dem zweiflügeligen Wellness-Walhall der damals absoluten Oberschicht, vorbei an Franz Lehárs Inspirations-Tempel direkt an der Traun, dieser Schlangenpfad des »Früher« führte mich dann zum unvergesslichen Wohlfühl-Kraftplatz: Das ist eine Brücke über die kühlen Fluten der Traun, ganz in der Nähe des Tores zum Park, in dem heute noch kaiserlich-herrschaftliches Flanieren möglich ist (der Lustgarten ist allerdings nur zu bestimmten Zeiten zugänglich).

Und wieder die Energie der Brücke: Bekommt die Brücke in unserem Gehirn, der Pons cerebralis, mitgeteilt, dass sich Körper, Geist und Seele auf einer materiellen Brücke befinden? Oder ist es die fließende, mitnehmende, reinigende Energie schnell bewegten Gebirgswassers? Bei mir ist das Lebens-Fluss-Gefühl, wie es auf Brücken nicht nur unter mir durch-, sondern ebenso in mich hineinfließt, enorm. Und hier in Bad Ischl? Auf der Stelle ist gute Laune da, die Seele hüpft förmlich. Das ist die Wirkung des Kraftorts. Frohsinn ist ein sehr wichtiger Teil von *Sanus,* gesund. Einfach ausprobieren.

Sanus per aquam, »gesund durch Wasser« – der heute so wellnesstaugliche Begriff des Spa könnte hier in Bad Ischl, auf der Brücke über der Traun, geboren sein.

Hallstatt

Wenn die Erdenergie aggressiv wird

Schon an der Tankstelle vor dem langen Tunnel, der den abfallenden Felsen durchbohrt und irgendwo in der Mitte des schwarzen Wurmloches quer durch Mutter Erde zu einem Parkplatz führt, von dem aus Sie den Weg zur Kirche mit dem legendären Beinhaus finden – wurde ich angegriffen! Später erklärte ein Polizist, ich sei nicht der erste »Tourist«, der solches zu berichten weiß, die Gegend sei eben »aufsässig«.

Vielleicht das uralte keltische Denken, das hier allgegenwärtig ist. Nur Historie? Immer wieder zeigt sich mir die geradezu unsterbliche Histo-Geomantie: Ein Kraftfeld aus magischem Ort, aus gewesener, gegenwärtiger und zukünftiger Handlungsweise verbindet sich zu dem Konglomerat, das wir Zeitgeschichte, Zeitgeist, Gegenwart nennen … Und hinterher sagt jeder: Wieso? Wie konnte das geschehen? Die wahnsinnig-irrwitzige deutsche Historie des letzten Drittels des 20. Jahrhunderts fände da eine beredte Erklärung.

»Hallstatt ist eine Gemeinde mit 794 Einwohnern (Stand 1. Jänner 2012) im Salzkammergut im Bundesland Oberösterreich in Österreich und liegt am Hallstätter See. Zusammen mit dem Dachstein und dem Inneren Salzkammergut gehört es zum UNESCO-Welterbe. Nach Funden in einem ausgedehnten Gräberfeld oberhalb des Ortes wird ein Zeitabschnitt der älteren Eisenzeit als Hallstattzeit bezeichnet. Die Gemeinde liegt im Gerichtsbezirk Bad Ischl.« (*Wikipedia*) Hinter dieser sachlich-lexikalischen Auskunft ruht allerdings ein histo-geomantischer Sprengsatz: keltisches Erbe, Abstrahlung des Gesteins, nicht nur Salz, sondern fühlbar Radionik, Eingeschlossen-Sein, Enge und malerisch verbrämte Aggressivität … Sogar die Totenschädel im Beinhaus werden hier mit lieblichen Motiven bemalt. Ein Besuch im Museum Hallstatt ist für den an keltischer Vorzeit-Kultur Interessierten ein Muss.

Die Kirche Maria Himmelfahrt »thront« im wörtlichen Sinne, auf einem Felsen hoch über den Dächern des so seltsamen Ortes. Der Wissende findet sogleich die drei Beten. Für den Kraftort-Gänger besonders interessant sind das Beinhaus und seine nähere Umgebung: Selbst wenn das Beinhaus geschlossen ist, Sie spüren … eben nicht Tod, eher verborgenes Leben. Sollte dies ein Hinweis sein auf …?

Das Beinhaus geht zurück auf das 16. Jahrhundert. 610 Totenschädel sind gestapelt, bemalt, verziert, »ausgestellt«. Und das auf den ungezählten Knochen der Verstorbenen mehrerer Jahrhunderte, die eben aus Platzgründen nach gut 20 Jahren wieder »raus müssen«. »Gute Idee eigentlich …«, so dachte ich und verließ Beinhaus, Kirche, überhaupt Hallstatt, so schnell wie möglich. Plötzlich verstand ich das paradoxe Wort: »Hier möchte ich nicht einmal gestorben leben.«

Feldkirch

Mittelalterliches Juwel mit Kraftort-Drachenlinie

Lesen Sie gerne »Mittelalter«? Ob es die modernen Romane seit »Der Name der Rose« sind, die in eine pittoreske Welt von Burgen, Gassen, Winkeln und Bollwerken entführen, ob historisierende Filme, zumeist mit spektakulärer Gralssuche, unsere religiösen Ur-Sehnsüchte entfachen, oder aber im Original: Schon einmal einen Text auf Mittelhochdeutsch ausprobiert? »Ich bin dîn …«

Das Mittelalter, über ein halbes Jahrtausend später durch die verklärende, sehnsuchtsvolle Romantik erst zu dem geworden, was wir darin sehen wollen, können oder sollen, diese von der Aufklärung als »finster« diffamierte Zeit ist in der Gegenwart lebendiger, als wir denken. Denn der Zusammenbruch der Werte sowohl im privaten als auch geschäftlichen Sektor (Stichworte wie »Bankenkrise«) gebiert zwangsläufig eine Rückbesinnung auf die klassischen Ritter-Tugenden wie Treue, Beständigkeit, Mut. Eben alles, was Vertrauen schafft. Und die Aufklärung des späten 18. Jahrhunderts hat ihr Werk (gottlob?) nur unvollständig getan im stark von der Gegenreformation geprägten Österreich – und im benachbarten, geistig so verwandten Bayern sowieso.

Also, warum nicht mitten hineingehen ins Mittelalter? »Die Schattenburg, majestätisches Bollwerk der Grafen von Montfort, ist seit dem 13. Jahrhundert das Wahrzeichen von Feldkirch und eine beeindruckende Sehenswürdigkeit mit einem Museum, das Geschichte sehr lebendig und umfassend darstellt …« (»Vom Zauber der Geschichte«. In: »Kleine Historische Städte Österreich«, S. 15).

Hier kommt der Kenner magischer Kraftorte voll auf seine Kosten: Ist doch diese älteste Stadt des Landes, unmittelbar an der Grenze zu Liechtenstein gelegen (und wieder die Sache mit Geld, Gegenwart, Vertrauen …), mit ihrem ur-mittelalterlichen Charakter ein Dorado für Kraftort-Gänger. Patrizierhäuser, Laubengänge, alles im bergenden Schatten der Vergangenheit: Wer hier weilt und sucht, findet die Sehnsucht. Richtig: Auch die Suche nach dem Sehnen lässt sich suchen – und finden. Gehen Sie zu den grimmig dreinblickenden Türmen der Bollwerk-Burg, verweilen Sie in der gotischen Domkirche St. Nikolaus im Mittelgang. Vor allem nutzen Sie den Wochenmarkt, um die »Drachenlinie« der Marktgasse zu fühlen.

»Was meinen Sie mit ›fühlig‹?«, hat mich vor Kurzem ein Leser gefragt, Schulleiter an einem Gymnasium. »Na, wenn Sie die Orte selbst finden …« Nach den Anleitungen und Orts-Hinweisen in diesem Bildband werden Sie garantiert fühlig. Manchmal schon allein vom Betrachten der Bilder, vom Imaginieren – vom Sehen mit dem Innen-Auge, dem visualisierenden Daran-Denken.

St. Margarethen

Die »Drei Beten« sind immer für magische Kraftorte gut

Erinnern Sie sich noch, wie oft uns schon in diesem Band die »Drei Beten« begegnet sind? Letztlich ist die »Dreifache weibliche Gottheit« immerzu gegenwärtig, an Kraftorten sowieso, auch wenn sie nicht explizit genannt wird. Sind wir doch ununterbrochen auf der Suche nach dem geheimnisvollen, verborgenen und doch allgegenwärtigen Gral: Diese selbst von quacksalbernden Psychiatern und »Hirnforschern« nie ergründbare Schale (!) unseres Gehirns (der Kessel, der Kelch) birgt bereits alles, was es zum aufregenden Thema zu wissen gibt: Genau im Zentrum, und deshalb so un-»sicht«-bar und der intensiven Suche bedürftig. Ob als »Drei Madl«, als die Dreiheit vereinende »Maria« oder als »Anna Selbdritt«: Alle guten Dinge in der Religion sind immer drei. Und ohne »das Weibliche« geht gar nix, auch wenn dies im nachheidnischen Christentum recht elegant überspielt wird.

Margarethe ist eine der »Drei«. Stets mit dem Wurm abgebildet (imaginiert), dem Drachen also, der lebendigen weiblichen Erdkraft, die in Form des gebändigten Wurmes allegorisch aufscheint. So hat uns der Weg der magischen Kraftorte diesmal, den Drachenlinien folgend, nach St. Margarethen im Burgenland geführt.

»Die magische Kraft des Weges ist die wundersame Fähigkeit seiner Bewegung …«, schreibt Frédéric Lionel in »Verborgenes Wissen«, München 1998 (S. 11). Ohne Bewegung gelangen Sie an keinen Ort, vielleicht ist dies eines der Geheimnisse der Drachenkraft in und um St. Margarethen im Burgenland!

Der Ort: Das Areal St. Margarethen hat es wirklich (also wirksam) »in sich«. Wie so oft bei Kraftorten vor-christlicher, keltischer Vor-Prägung ist in der gesamten Umgebung mit der märchenhaft weit geschwungenen Landschaft eine ziehende und lockende Kraft spürbar, die weit vor den christlichen Einfluss und das damit verbundene Sünden-Denken – samt Schuld und Vergebung – zurückreicht. Der heute auffindbare Teil des keltischen Königreiches Noricum gehörte zur Umgebung der keltischen Höhensiedlung Burg, die auf dem Schwarzenbacher Burgberg positioniert war.

»Sankt Margarethen im Burgenland ist eine Marktgemeinde mit 2711 Einwohnern (Stand 1. Jänner 2012) im Burgenland im Bezirk Eisenstadt-Umgebung in Österreich. Der ungarische Ortsname der Gemeinde ist Szentmargitbánya.« – Finden Sie im ungarischen Namen die Margarethe? – »St. Margarethen ist bekannt für das Bildhauersymposion St. Margarethen und die Opernfestspiele St. Margarethen.« (*Wikipedia*) Diese eher sachliche Auskunft verrät indes zwischen den Zeilen, dass der magische Ort, wie so oft, »Kunst gebiert«.

Haben Sie schon einmal darüber nachgedacht, wie sehr kreatives Schaffen und magischer Ort zusammenhängen? Ich schreibe diese Zeilen am 200. Geburtstag des Klang-Magiers Richard Wagner (kein Österreicher!), der untrennbar mit dem Ort Bayreuth verbunden ist. Wie viele weltumfassende Genies Österreichs aus den Bereichen Dichtung, Musik, Wissenschaft sind untrennbar mit magischen Orten verbunden? Freud und Schnitzler ohne Wien? Mozart ohne …?

Noch ein wenig Histo-Geomantie, also kraftortbedingte Historie, von St. Margarethen aus Wikipedia: »Nach Ende des ersten Weltkriegs wurde nach zähen Verhandlungen Deutsch-Westungarn in den Verträgen von St. Germain und Trianon 1919 Österreich zugesprochen. Der Ort gehört seit 1921 zum damals neu gegründeten Bundesland Burgenland …«

Wenn Sie St. Margarethen besuchen, vergessen Sie nicht den Römer-Steinbruch anzuschauen, in dem der bekannte St. Margarethener Kalksandstein abgebaut wird. Der Wiener Stephansdom und viele bedeutende Gebäude der Wiener Ringstraße fanden hier energetische Nahrung sowie den Weg vom unbehauenen zum behauenen Stein. Wer aber hat das Wissen, wie der Stein zu behauen sei? Wenn Sie dieses Buch, und vor allem die »Wiener« Kapitel, aufmerksam lesen – ergibt sich die Antwort von selbst. Denn der Gral besteht aus Gedanken – und Bewegung!

Hexenhügel in Krensdorf

Kraftort-Tipp für »Vollmond«-Nächte (oder die Walpurgisnacht?)

Ein Magischer-Orte-Band, der den interessierten Leser zu spürbar-erlebbaren magischen Plätzen führt, kommt an dem Thema »Hexen« einfach nicht vorbei. Die Teilnehmer bei Führungen erschrecken längst nicht mehr, wenn ich das Wort »Hexe« anerkennend gebrauche, oft gleichgesetzt mit »Druidin«, »Wissende«, »Weise Frau«, »Magierin«, meinetwegen auch »Heilige« – »Heilerin« sowieso. Heilige und Hexe? So weit ist der Weg nicht. Die heilige Walpurga, immerhin zu ihrer Zeit Äbtissin in einem deutschen Kloster, ist niemand anders als Walpurgis, der die Nacht zum 1. Mai gewidmet ist: die Walpurgisnacht, das Fest der vitalen überbordenden Lebensfreude, der ungebremsten (vermutlich durchaus gott-gewollten!) Lust am Dasein.

»Walburga (eigentlich Valborg, auch Walburg, Waltpurde, Walpurgis, Walpurga, in Frankreich bekannt als Vaubourg, Falbourg, im normannischen Le Perche Gauburge = wehrhafte Burg; […] war eine in Süddeutschland tätige Missionarin sowie Vorsteherin des Benediktinerklosters von Heidenheim …« (*Wikipedia*)

Heute sind Hexen längst wieder salonfähig, wie immer man dazu stehen mag. Und an Kraftorten und bei Kraftortführungen sind sie lebendige, oft humorvolle Gegenwart. Vor allem Humor. Denn der ist immer dabei. Echte Hexen sind extrem erdgebunden, sie haben den Humus in der Seele, damit den wortnahen Humor. So findet der interessierte Kraftort-Gänger zahlreiche Hexentanzplätze … Wo? Überall. Nicht nur in Österreich. Aber im Burgenland ist ein besonders starker magischer Kraftort hervorzuheben: der Hexenhügel von Krensdorf, Bezirk Mattern. Auf der Karte genau südlich von Wien zu finden, eben im herrlichen Burgenland.

Lust am Dasein? – So etwas (schiere Lebensfreude, jeder Kraftortfreund kennt das) ist in den strengen, oft körperfeindlichen christlichen Jahrhunderten nicht allzu gern gesehen worden. Im Hexen-»Glauben« allerdings bleibt mehr erlaubt, viel mehr sogar! Steckt doch hinter jeder Handlung der Liebe das große Ritual »der Göttin«. Gaia und Geo, aha. »Die Sexualität als direkter Ausdruck der Lebenskraft ist göttlich und geheiligt. Sie darf sich frei ausleben, solange Liebe das leitende Prinzip ist …« Das stammt allerdings aus keinem Katechismus, sondern aus »Starhawk« (S. 28), dem immer noch besten Kultbuch der Hexerei. So tanzen unsere Gedanken auf dem wundersamen Hexentanzplatz von Krensdorf im Burgenland einen geistigen, auch lustvollen Hexentanz!

»Vor Christi Geburt war das Gebiet Teil des keltischen Königreiches Noricum und gehörte zur Umgebung der keltischen Höhensiedlung

Burg auf dem Schwarzenbacher Burgberg. Später unter den Römern lag das heutige Krensdorf dann in der Provinz Pannonia. Der Ort gehörte, wie das gesamte Burgenland, bis 1920/21 zu Ungarn (Deutsch-Westungarn) …« (*Wikipedia*) Und eben die Hexen von Krensdorf. Ist der Name Zufall? »Kre'weiberl« sind in Bayern wissende Kräuterfrauen …

Ideal wäre es – vom Energetischen her gesehen –, zuerst den magischen Kreis oberhalb von Wien »Im Himmel« (siehe »Magische Orte in Österreich«) zu besuchen. Die dort waltende Kraft ist der des Hexentanzplatzes von Krensdorf sehr vergleichbar. Sie fühlen sich gehoben, zentriert, »aufgeladen« bis in die Fingerspitzen! Und Sie fliegen. Urplötzlich lässt die Erdung (Humus, Humor, Sie wissen schon) nach – Sie heben ab. Probieren Sie es aus. Krensdorf macht schwindelig. Genau hier erfahren Sie, was mit »Hexenflug« gemeint ist.

Sieben Tage magisches Kärnten

Der »Welt hinter der Welt« auf der Spur

Die »Welt hinter der Welt« in Kärnten. Was verbirgt sich hinter der sichtbaren Welt an magischen Geheimnissen und an Herrschaftswissen?

Während seiner Kärnten-Reisen hat der Autor erprobte Kraftorte – »magische Orte« – zusammengestellt und die daraus entstandene Tour »Sieben Tage magisches Kärnten« auch schon einige Male, zuletzt im Sommer 2013, in Zusammenarbeit mit einem Reisebüro (*www.kopp-spangler.de*) durchgeführt.

- Klagenfurt
- Burg Hochosterwitz
- Hemma von Gurk im Gurktal; Durchkriech-Altar
- Magdalensberg, »Dreigesichtiger Götze«
- Längssee, St. Georgen; Geheimnis der Katharina Schratt, Herrschaftswissen der Habsburger
- Templerburg Taggenbrunn
- Heinrich-Harrer-Museum in Hüttenberg, Reflexion über das geheime Kraftort-Wissen der okkulten »deutschen Vergangenheit«

Tag 1: Klagenfurt

Rundgang durch die malerische Altstadt, die natürlich zum zentralen »Lindwurm« auf dem Neuen Platz führt (siehe auch »Was bewacht der Lindwurm?« in diesem Band). Am über sieben Meter langen Lindwurm selbst wird das Verhältnis Drache-Lindwurm in einer mythologischen

Schau geklärt; zugleich machen wir uns klar, dass der »Drache in uns« nicht bekämpft, sondern integriert werden muss! Aber wie?

Tag 2: Burg Hochosterwitz

Warum ist »die Burg« eine archaische Denkform, die »bergen«, »Geborgenheit«, also alle unsere Ur-Sehnsüchte beinhaltet? Anhand der mit einem magischen Berg verwachsenen, wohl schönsten Burg Österreichs (oder sogar der Welt?) werden wir dieser Frage »nach-gehen«. Hochosterwitz unweit St. Veit und St. Georgen erinnert an den Ur-Traum der Gralsburg – und ist es auch. Auf 150 Meter hohem keltischem Kult-Felsen alles überragend, niemals erobert. 14 Tore, jedes geschichtsträchtig und mit eigener Einweihungs-Symbolik, führen den gewundenen Drachenpfad hinauf (zu sich selbst?), ein Einweihungspfad »nach oben«. Allein der bergende Burghof »über der Welt« wird unvergesslich bleiben. Märchen sind Kopfsache! Wir sind alle eine Burg: Welche?

Tag 3: Gurk in Kärnten, Dom der heiligen Hemma

Lesen Sie nach im zugehörigen Kapitel. Fragen Sie sich bei der ganz persönlichen Reisetour: Was geht Ihnen hier im Dom zu Gurk so sehr unter die Haut?

Tag 4: Magdalensberg

Der magischste Berg Österreichs: Seine Besiedelung reicht weit in der Geschichte zurück, bis in die illyrisch-keltische Zeit, dazu kommt auf halber Höhe eine begehbare römische Bergstadt, so liegt in 1058 Meter Höhe der »Heilige Ort«. Schon der Name »Magdalensberg« (Helenenberg) deutet auf die vor-christlich-heidnischfaszinierende Vergangenheit. In der heute spätgotischen Kirche mit vielen versteckten Einweihungs-Symbolen finden sich anschaubar die »Drei Beten«, hier Helena (Margarethe ersetzend), Katharina und Barbara. Höhepunkt: Der vorchristlich-keltische Dreikopf-Stein, ein »Dreigesichtiger Götze«. Der gut befahrbare oder erwanderbare Berg gibt nicht nur eine atemberaubende Rundum-Sicht, sondern vermittelt auch das Herrschaftswissen des »Oben-Seins« (siehe auch »Magische Orte in Österreich«)!

Tag 5: Längssee (Nähe St. Veit a. d. Glan)

Seehof »Urlaub im Seehof hat kaiserliche Tradition …«, war doch die Burgschauspielerin Katharina Schratt, über 30 Jahre nicht nur Geliebte, sondern »weiblicher Gegenpart« des Kaisers Franz Joseph (Ehemann von »Sisi«), die Taufpatin der Mutter der jetzigen Schratt-Dynastie. »Vom Kaiser erhielt die Schauspielerin […] immer wieder finanzielle Zuwendungen […] Außerdem überhäufte der Kaiser sie mit wertvollem Schmuck und schenkte ihr eine Villa in der Gloriettegasse in Wien – nahe dem Schloss Schönbrunn – sowie das Palais Königswarter am Kärntner Ring, vis-à-vis der Oper. […] Über ihre Beziehung zum Kaiser wahrte sie strengste Diskretion.« (*Wikipedia*) Hier »am magischen Ort«, den der Kaiser oft aufsuchte (Schwarz-Weiß-Fotos zeugen davon), lässt sich vielleicht ein wirkliches Geheimnis um Habsburger, Macht und Herrschaftswissen lüften – und die unglückliche Rolle der Sisi neu beleuchten. Gegenüber, sich mystisch weiß im heilenden Wasser spiegelnd, lockt das Kloster St. Georgen, das wir anschließend besuchen und für uns »erschließen« wollen.

Kloster St. Georgen Herrschaftswissen der Kirche durch Kraftorte gefestigt. St. Georgen, »das älteste Benediktiner-Kloster« (zit. »Kulturgüteratlas«), ist die älteste gesicherte Klostergründung Kärntens. Die Anordnung der Trakte birgt ein Geheimnis um Macht und Kirche. Und dort, wo Georg den Drachen (die Erdmutter) sticht, lässt sich die Energie positiv umpolen! Das Kräftedreieck schließt sich: In unmittelbarer Sichtweite zu St. Georgen, dem »ziehenden« Schratt-Grundstück und dem machtgebenden Magdalensberg findet sich etwas abseits der »hebendste« der Kraftorte: St. Peter. Deutet der Name »Peter« nicht nur auf Petrus, sondern auch auf die »Drei Beten«? Denn rund um das altgotische Gotteshaus ist wohlig hebende Erdenergie. Wir lernen, den Schlüssel Petri als Denk-Symbol zu nutzen, es er-»schließt« sich uns das geheime Wissen über Erdlinien, Verbindungen zwischen Kraftorten und die daraus entstehende Geo(!)-metrie, die immer wieder das magische Dreieck ergibt.

Tag 6: Templerburg Taggenbrunn

Eine der »schönstgelegenen Burgen« auf altehrwürdigem keltischem Kultfelsen (eine ideale Fußwanderung mit Kraftort-Erläuterungen an der Natur), eine herrlich erhaltene Ur-Burg mit dem so ganz gewissen Etwas für Kenner magischer Orte. Der Rundblick: von der Petzen bis zum Dobratsch, den Karawanken und Julischen Alpen, vom Magdalensberg (Drei-Beten-Energie!) über die Saualpe bis zu den Wimitz- und Kraigerbergen und der Gerlitze. Die Burg wird heute noch von Templern genutzt, deren Spuren in den Hallen allzu deutlich zu finden sind. Tatsächlich haftet den grauen Mauern und Höfen ein »gelebter Okkultismus« an: Mächtige Diabasbruchsteine,

gewaltige Bastionen und Türme, kleine Tavernenfenster, dazu die anheimelnden und zugleich unheimlichen Stuben mit dunklem Gebälk und dem morphogenetisch einbeschriebenen Wissen der Ahnen … (siehe auch »Magische Orte in Österreich«).

Tag 7: Heinrich-Harrer-Museum Hüttenberg

»Truth is always stranger than Fiction.« (Die Wahrheit ist immer merkwürdiger als die Erfindung.) Auf welch merkwürdige Weise Tibet und Berchtesgaden mit Hüttenberg in Kärnten und Heinrich Harrer zusammenhängen? Lesen Sie es im zugehörigen Kapitel dieses Buches nach. Und sehen Sie dann selbst.

Nachwort

Neuro-Geomantie und die archetypische Bilder-Sprache des Gehirns

In dem Buch »Magische Orte in Österreich« habe ich (S. 159) eine neue Idee angedeutet, die aus der Beschäftigung mit wirkkräftigen Kraftplätzen hervorging und die viele Zuschriften und Anregungen beschert hat: »Das Gehirn in seiner Anlage, seinem genialen Bauplan, der einem barocken Denk-Park gleicht; jener Erlebnis-Ort der Gedanken, der verzwirbelten Ideen und Sehnsüchte samt den neuronalen Denk-Punkten, wie sie der modernen Neurologie entsprechen …«

Das heißt: Die bekannten Verbindungen der magischen Orte zueinander, die Drachenpfade, folgen dem gleichen genialen Bauplan der Schöpfung wie die Gedanken-»Wege im Kopf«, die dem wunderbaren »Denk-Garten« des Gehirns folgen. Dabei gibt es unbekannte Wege, Autobahnen, steile Pfade, Schleichwege, Rettungsgassen wie auf österreichischen Autobahnen, einfach alles Denkbare und auch Undenkbare. Am bekanntesten sind die breitgetretenen Trampelpfade des Alltagslebens und des Routinedenkens!

Wichtig zu wissen: Das Gehirn arbeitet mit Verschlüsselungen. Diese sind so genial wie die Schöpfung selbst. Nicht umsonst wird Petrus mit dem (Himmels-)Schlüssel dargestellt. Was schließt er auf? Wozu hat er den geheimen »Code«? Zum Himmel, zum Gral: Zum richtigen Denken, zu den richtigen Bildern. Oh ja, es gibt Geheimnisse, die es sich zu ent-schlüsseln lohnt!

Das Gehirn arbeitet am liebsten … mit Bildern! Vielleicht sind die Bilder dieses Bandes »öffnende, befreiende Schlüssel«. Ein Bild sagt mehr denn tausend Worte: Vergleichen Sie den »Bauplan des Gehirns« mit der Anlage eines Barock-Gartens! Nehmen Sie dazu als Ihr eigenes Denken öffnenden Vergleich den »Lebensbaum« der Kabbala oder einfach den vor Ihrem »geistigen Auge« stehenden Paradiesgarten!

Versetzen Sie sich geistig in die Lüfte, blicken Sie von oben auf den Garten von Schönbrunn bei Wien herab. Sie wissen ja längst: Wer oben ist, sieht mehr, weiß mehr – hat mehr Macht.

Erkennen Sie die Entsprechung zur »Gehirn-Architektur«? Sie erkennen, indem Sie den Schlossgarten von oben schauen, geomantische Pyramidenbahnen.

»Pyramidenbahn …?«, so höre ich Sie fragen. Die Neurologie weiß über den Begriff »Pyramidenbahn«: »Nervenbahn im Gehirn und Rückenmark, die Impulse der willkürlichen Motorik überträgt. Die Pyramidenbahn beginnt mit den Pyramidenzellen in der parietalen Hirnrinde (motorischer Kortex). Die Axone verlaufen als Bahn durch sämtliche Hirnabschnitte. In der Medulla oblongata kreuzen die meisten Fasern auf die Gegenseite und enden an Neuronen des Rückenmarks, u. a. an den Motoneuronen des Vorderhorns …« (*www.medizin/pyramidenbahn*)

Literatur

Abraham, Hedwig: Kunst und Kultur in Wien (Website); *www.viennatouristguide.at*

Adige, Alto: Südtirol. Brixen (Italien) 2008

Artnet.de; Dossier »Die Macht der Bilder« (Website); *www.artnet.de/magazine/macht-der-bilder/*

Balaguer, Josemaría Escrivá de: Der Weg. Köln 1983

Bayer, Hermann: Der fehlende Baustein. Norderstedt 2008

Bender, Hans: Verborgene Wirklichkeit. Freiburg 1973

Bergamin, Stefan: Die Stabilität der Felsfundamente von Staumauern. Dissertation Zürich 2009

Besant, Annie: Esoterisches Christentum. Grafing 2005

Bischof, Marco: Geomantie – Die Wiederverzauberung der Landschaft. Der Mensch und die Kraft des Ortes. Aarau 2000

Bischof, Norbert: Das Kraftfeld der Mythen. München 2004

Bischoff, Erich u. a.: Die Kabbala. Paderborn o. J./Linz 1992

Bongart, Ferdinand: Kultstätten – was sie uns verraten. Düsseldorf 1998

Bosl, Karl: Bayerische Geschichte. München 1971

Bouchal, Robert und Beck, Peter: Kraftorte in Wien. Wien/Graz/Klagenfurt 2007

Bouchal, Robert und Lukacs, Gabriele: Geheimnisvoller Da-Vinci-Code in Wien. Wien/Graz/Klagenfurt 2009

Brönnle, Stefan: Der Paradiesgarten. Aarau (Schweiz) 2001

Carmin, E. R.: Das schwarze Reich. München 1997

Charpentier, Louis: Die Geheimnisse der Kathedrale von Chartres. Köln 1972

Czerny, Albin: Die Handschriften der Stiftsbibliothek St. Florian. Linz 1871

Dahlke, Ruediger: Wege der Reinigung. München 2000

Derungs, Kurt und Derungs, Isabelle M.: Magische Stätten der Heilkraft – Marienorte mythologisch neu entdeckt. Grenchen bei Solothurn 2006

Donau Tourismus GmbH (Website), Unterseite »Jakobsweg: Stift Göttweig–Melk«; *www.donau.com/de*

Erlebnisregion Schärding. Hrsg. v. Tourismusverband Schärding o. O., o. J.

Fenzl, Fritz: Kraftorte selbst finden. München 2004

Fenzl, Fritz: Magische Orte in Bayern. Rosenheim 2001

Fenzl, Fritz: Magische Orte in Österreich. Rosenheim 2012

Fricke, Hans: Mythos Toplitzsee. Wien 2009

Goldner, Colin: Dalai Lama: Fall eines Gottkönigs. Aschaffenburg 2008

Gowin, Peter J.: Freimaurerei und Persönlichkeitsentwicklung. Wien 2012

Gschwandner-Elkins, Monika: Hemma Pilgerwege. o. O. 2007

Hacheney, Wilfried: Wasser. Wesen zweier Welten. Peiting 2003

Hanisch, Ernst: Der Obersalzberg (hrsg. v. d. Berchtesgadener Landesstiftung). Berchtesgaden 2000

Heinrich-Harrer-Museum Hüttenberg, Website; www.huettenberg.at

Hoche, Alfred: Geistige Wellenbewegungen. Freiburg/Breisgau 1927

Jahrbuch St. Ottilien 2013

Jandl, Dieter: Klagenfurt. Klagenfurt 2011

Judge, William Q.: Das Meer der Theosophie. Pasadena/Den Haag/München o. J.

KaiserGruft. Wien o. J.

Kerll, Karl-Heinz: Energie-Plätze. Erdstrahlen und ihre Wirkungen auf den Menschen. Münster, Eigenverlag 2002

Kleine historische Städte in Österreich (Website), www.khs.info

König, Herbert L.: Unsichtbare Umwelt. Der Mensch im Spielfeld elektromagnetischer Kräfte. München, Eigenverlag 1986

Kopacka, Werner: Enthülltes Geheimnis Toplitzsee. Wolfsberg 2001

Kutter, Erni: Der Kult der drei Jungfrauen. (Books on demand). Norderstedt o. J.

Limpöck, Rainer: Kraftorte der Alpen: Unterwegs zu den Kraftorten der Alpen. Wien, Pichler Verlag 2009

Lionel, Frédéric: Verborgenes Wissen, München 1998

Maclellan, Alec: Das Geheimnis der Heiligen Lanze. Rottenburg 2005

Mahlknecht, Bruno: Südtiroler Sagen. Bozen 1989

Matthews, John (Hrsg): Der Gralsweg. München 1989

Mellor, Alec: Logen/Rituale/Hochgrade. Austria, o. O. 1987

Merz, Blanche: Die Seele des Ortes. Deren Wirkkraft auf unsere vier Körper. Chardonne (Schweiz), Eigenverlag o. J.

Merz, Blanche: Orte der Kraft. Stätten höchster kosmo-terrestrischer Energie. Aaarau (Schweiz) 1999

Mohr, Angela: Schutzmantelmadonnen in Oberösterreich. Steyr 1987; Neuauflage München 1997

Museum Furthmühle Pram. o. O, o. J.

Österreich (= Marco Polo-Reiseführer). Ostfildern o. J.

Pastenaci, Kurt: Das viertausendjährige Reich der Deutschen. Berlin 1940

Pennick, Nigel: Handbuch der angewandten Geomantie. Wie wir heute Landschaft und Siedlung wieder in Einklang bringen können. Saarbrücken 1997

Peters, Christoph und Jürgen Ritter: Nazis auf dem Dach der Welt. In: einestages. Zeitgeschichten auf Spiegel Online; einestages.spiegel.de

Pogacnik, Marko: Schule der Geomantie. München 2000

Posch, P. Waldemar: Dom zu Gurk. Innsbruck 2006

Die Presse, 1.5.2009. Artikel »Schweigen im Wald, Energie auf dem Weg«

Pröttel, Michael: Wanderungen zu Alpensagen. München 2001

Ratzinger, Joseph Kardinal (Benedikt XVI., inzwischen Papst emeritus): Der Geist der Liturgie. Freiburg im Breisgau 2000

Ravenscroft, Trevor: Die Heilige Lanze. Der Speer von Golgatha. München 1996

Rektoratskirche St. Peter. Faltblatt. o. O., o. J.

Sagen.at (Website), Unterseite »Der Schatz im Toplitzsee«; www.sagen.at

Salzkammergut. Hrsg. v. COSY International. Salzburg o. J.

Schauberger, Viktor: Der gewundene Erkenntnisweg. In: Implosion Nr. 27. o. O., 1967

Schmid-Dreyhaus-Ziegfeld: Volk und Boden. Braunschweig o. J.

Schmidt-Salomon, Michael: »Gesegnet sei der Schmerz«. Josemaria Escriva und sein »Werk Gottes«. MIZ 1/2000

Die schönsten Sagen aus Wien. o. O., o. J.

Soffner-Loibl, Monika: Maria Taferl. Passau 2010

Stadtpfarrkirche St. Georg Schärding am Inn. Hrsg. v. Stadtpfarramt St. Georg. Passau 2007

Starhawk. Freiburg/Breisgau 1983

Steiner, Rudolf: Geistige Wesen in der Natur. Stuttgart 1992

Stift Engelszell. Kirchenführer. o. O., o. J.

Stift Melk (Website), Unterseite »Stiftsgeschichte«; www.stiftmelk.at

Trips by Tips (Website), Unterseite »Pilgerwanderwege Niederösterreich«, www.tripsbytips.de

Untersberg (Website); www.untersberg.org

Vintiñi, Leonardo: Die Zirbeldrüse, das innere Auge. In: Epoch Times, 17.3.2010; www.epochtimes.de

Voglhuber, Eva: Linz, Maria-Empfängnis-Dom. Passau 2004

Vom Zauber der Geschichte: In: Kleine Historische Städte Österreich. Steyr o. J.

Wachausagen, Erzählt und allen Freunden der goldenen Wachau gewidmet von Josef Wichner. Krems an der Donau [1920]

Watkins, Alfred: The Old Straight Track. London 1925

Weinstraße Niederösterreich (Website), Unterseite »Wachau«; www.weinstrassen.com

Die Welt, 22.11.2009, Liaison mit dem Tod. Unterwegs in Wien, der Stadt der schönen Leichen

Wissenschaftskritik (Website), Unterseite »Raum, Zeit und schwarze Löcher«; www.pandualism.com/z/geometri.html

»Flattere nicht wie eine Henne,
wenn du wie ein Adler aufsteigen kannst.«

Josemaría Escrivá de Balaguer in »Der Weg«, Weisheit Nr. 7

Siehe dazu in diesem Buch: Wien, Peterskirche *Opus Dei, Bundeslade,*
Heilige Lanze … und der Gral. Ob der inzwischen heiliggesprochene
Escrivá mit dem aufsteigenden Adler den österreichischen Bundesadler
mit zwei Köpfen gemeint hat? Betrachten Sie imaginierend das Bild.

»Der Geist weht, wo er will …«
(Weisheit Nr. 110)

Bildnachweis

Besuchen Sie den Autor im Internet unter
www.magische-kraftorte.de
Besuchen Sie uns im Internet unter
www.rosenheimer.com

© 2013 Rosenheimer Verlagshaus GmbH & Co. KG, Rosenheim

Umschlag vorn: Stift Melk, © EXTREMFOTOS – Fotolia.com
Umschlag hinten: Innsbruck, © Mihai-Bogdan Lazar – Fotolia.com

Lektorat: Gisela Faller, Stuttgart
Typografie und Satz: Catherine Avak, München
Bildbearbeitung: Photodesign Richard Wöhrl, Rosenheim
Druck und Bindung: Printer Trento, s.r.l.
Printed in Italy

ISBN 978-3-475-54218-3